贝克知识丛书

DAS ALTE ÄGYPTEN

古埃及史

Hermann A. Schlögl

[德]赫尔曼·亚历山大·施勒格尔 著

曾 悦 译

上海三联书店

目　录

引言与基本信息

1．古埃及简况

古希腊历史及地理学家希罗多德（Herodot）曾在公元前 450 年游历埃及，他称这片土地为"尼罗河的馈赠"，这番话的确道出了事实：这条河流是该国生存的基础。

尼罗河全长逾 6000 千米，其水域从非洲腹地一直绵延至地中海。白尼罗河发源于非洲近赤道湖区，在距离苏丹首都喀土穆（Khartum）两千米处与发源于埃塞俄比亚高原（abessinischen Hochland）的青尼罗河交汇。最后汇入尼罗河的还有水流湍急的阿特巴拉河（Atabara）。汹涌的河水一路向北奔腾，将六处石障拦腰斩断，形成了瀑布。最后一处急滩出现在阿斯旺（Assuan）。而如果自北向南数，阿斯旺附近的瀑布应当是第一瀑布。

自古以来，阿斯旺瀑布就是埃及南部与努比亚地区（Nubien）之间的天然分界线，自公元前 1550 年始，努比亚就被埃及法老称为库施国（Kusch）。尼罗河的落差从这里开始变缓，向北流淌冲刷着柔软的钙质土，切割出一处宽广的谷地。但由于一片山峦陡峭的荒漠逼近河道，使得河流两岸适于居住的土地最宽处不超过 25 千米。

尼罗河将这片土地分为三段。从阿斯旺向北行约 900 千米直至一处开阔地带，这一整片尼罗河沿岸的狭长地带被称为上埃及。沿着河流继续向北，在埃及中部偏西处有一片被连绵的丘陵隔开的湖区，这就是法尤姆（Fajum），此地在法老统治时期有十分重要的地位。过去有一处运河系统将尼罗河水引向此地，于是形成了一个大湖，今天残存水位低于海平面 40 米的湖区就是戈伦湖[①]。

最终，尼罗河在古城孟菲斯（Memphis）北部，即

_____

① Birket Karun/Qarun，又称美利斯湖（Lake Moeris）。——译者注（书中注释如无特别说明均为译者所加）

今天的首都开罗地区分为七条支流，汇入地中海。河水带来的冲积土堆积成支流之间的土地，形成三角洲，这片地方被称为下埃及。如今尼罗河的七条支流只剩下两条，西边那条位于罗塞塔（Rosette）附近，东边的支流则在达米埃塔（Damiette）附近流入大海。

热带地区及埃塞俄比亚高原夏季持续的季风降水使青尼罗河和阿特巴拉河的水位每年此时都会大幅升高。6月底，河水开始逐渐上涨，一直到9月末，埃及都为河水所淹没，河流两岸也因此堆积起了肥沃的淤泥。尼罗河泛滥作为一年一度的盛事令许多居民大为获益。建造大坝能保护村庄和田地免受洪灾，同时人们建起了大型蓄水池储存洪水，只有这样，人们才能够在洪峰过后取用储备水。为了分配水源，人们开凿运河；水轮和升降装置将珍贵的水资源引向地势较高的地方。有序的灌溉工作构建出超越了纯粹血缘宗族的共同体，这有利于统一文化的形成。

如果尼罗河没有泛滥，或是泛滥的规模有限，那么就会导致灾难性的饥荒。埃及人称丰饶的耕地为"黑土地"，与之相反，沙漠则被称为"红土地"。这一对比会在人们的脑海中呈现出一个具体的画面，因为耕地与沙地在尼罗河流域并存，就像是用直尺绘制的一般。

埃及位于沙漠腹地，北面临海，只有一个途经西奈半岛的狭窄通道通往亚洲，其地理位置使得这片土地与四邻隔绝，居民不得不自给自足。大部分埃及人从事农业生产。这片土地拥有多种矿石资源，埃及人很早就懂得借助最简单的工具来充分利用这些资源，这样就具备了制作雕塑、浮雕、花瓶、器皿和修建金字塔等大型建筑的前提条件。所有的原材料都取自尼罗河谷和附近的沙漠，尼罗河则充当运输物资的水道。

早在史前时代，埃及人就懂得造船，哪怕造船所用的木材十分紧缺，需要从西亚或南部努比亚等地区运来。埃及和努比亚曾盛产黄金，如今已探明的古代开采地共有 150 至 160 处。在干涸的河床中，人们用工具凿挖出含有黄金的石英矿脉，接着在一个臼中将获得的矿石碾碎，最后将黄金颗粒从石英中淘洗出来。在开采黄金的技术方面，埃及超越了邻近的其他国家。

2. 罗塞塔石碑与埃及文字

18 世纪末，法国意图终结英国在印度的统治。为了夺取埃及这处据点，1798 年，拿破仑·波拿巴率远征军入侵埃及。紧随侵略军的是由一支学者组成的队伍，他们打算研究埃及，以便能将与这片神秘土地有关的更为详尽的知识带回欧洲。虽然拿破仑的此次行动在军事和政治上都失败了，但是对于尼罗河地区的研究而言是一个历史转折点。

一个尤为重大的事件便是人们发现了一块黑色玄武岩石碑。1799 年 7 月，在尼罗河入海口以西不远处，即距离地中海仅数千米之遥的罗塞塔城附近，人们在挖掘战壕时发现了这座石碑。该石碑的一面已被打磨，上面刻有三段彼此独立的文字，每段文字的字体也不相同，它们分别是古埃及文圣书体、古埃及文世俗体和希腊字母。

一位年轻的法国工程军官皮埃尔·弗朗索瓦·布夏尔（Pierre François Bouchard）意识到了这一发现的重要性，他认为这三段文字的内容应该是一致的，这样一来人们就获得了一把揭开古埃及象形文字奥秘的钥匙。

1801 年，英国人结束了拿破仑在埃及的军事冒险，根据法国签署的投降条约，罗塞塔石碑应同其他出土文物一同移交给英国。1802 年年底，石碑抵达大英博物馆，在那里被展示给大批观众。碑上的希腊文很快得到了解读。

这是一篇公元前 196 年孟菲斯祭司致"神显者"托勒密五世国王（Ptolemäus V. Epiphanes）的献词，当时正值托勒密五世加冕九周年纪念活动。文字列举了统治者为国家及神职人员所做的一系列善行、施加的恩典、推行的减税政策及给予的赠礼。这篇献词理应被刻在由坚硬岩石制成的立柱上，存放于每一座第一、第二、第三等级的神庙中，文本分别以圣书体、世俗体和希腊字母书写，紧邻国王的画像。碑上铭文为双语，即埃及语与希腊语，并以三种字体写成。虽然人们已经获知了文本的内容，但是要想破译埃及文字依然困难重重。

第一位取得进展的学者是瑞典东方学家约翰·大卫·阿克布拉德（Johan David Åkerblad，1763—1819），当时他正在巴黎研究科普特语手稿。科普特语是古埃及语言发展的最后阶段，用希腊字母书写，直到今天仍被作为科普特基督徒的教会用语继续使用。阿克布拉德将石碑上的世俗体与科普特语进行对比，成功辨别出了少数几个词语，然而他没能将研究工作继续下去，因为他错误地认为世俗体只使用字母文字。

1814 年，在光的波动说领域有重大发现而闻名于世的英国医生及物理学家托马斯·杨（Thomas Young，1773—1829）对这些文字的解读产生了兴趣。起初他也从世俗体入手，但不久便转而研究圣书体，为此他耗费了四年时光。杨最终得出的一个重要结论是：古埃及的象形文字是音符和意符的混合体。杨同时还编制了一张由204个单词构成的词汇表，并正确辨认出了其中四分之一的词汇。他还断定，铭文中出现的"象形茧"（Kartusche），即一种拉长的椭圆形符号，其中框住的都是国王的名字，于是他借助卡尔纳克神庙（Karnak）中一段铭文的复本破译出了王后贝勒尼基（Berenike）及其夫君"救主"托勒密一世（Ptolemäus I）的名字。1819年，杨将自己的研究成果发表在《大不列颠百科全书》的补遗中，该成果已经相当接近对象形文字最终的破译结果了。

两年后，取得重大突破的是法国人让-弗朗索瓦·商博良（Jean François Champollion，1790—1832）。商博良十六岁时便进入巴黎大学研习东方语言。仅两年他便成为格勒诺布尔大学（Grenoble）的历史学教授。1822年，商博良找到了解读古希腊碑文的那把关键的钥匙，于是在《致 M. 达希尔信：象形文字语音初阶》（*Lettre à M. Dacier relative à l'alphabetdes hiéroglyphes phonétiques*）一文中向法兰西学术院和学界介绍了自己的发现。因此，1822年被视为"埃及学"的诞生年。

古埃及象形文字发明于公元前3000年左右，它是亚非语系（闪-含语系）中最为古老的固定书面语。古埃及语中只书写辅音，这和阿拉伯语及希伯来语情况相同，其文字共包含一千多个不同的书写符号。人们可以寻找到的公元前 3000 年时期与国王及官吏相关的信息十分有限，而在宗教、文学和科技领域却能够发现一些流传下来的文献。

其中大量文献因古代图书馆的毁灭而遗失，但多亏当地气候干燥，仍有一部分被保存了下来，这些幸存的资料使我们能够了解古埃及人的思想及世界观。

埃及的高级官吏和王室成员喜爱将自己塑造成书写者的形象，以此造型来建造塑像，因为具备读写知识能力可以开启通往国家更高权力之门。书记员是人们梦想的职业。研究证实，公元前 2000 年以后就已经出现了能够学习读写的学校，进入这类学校的是一些被专门挑选出来的五至十岁的儿童。

供学生们抄写和听写的是一些古代卷宗、宗教文献、书信和记叙性文学作品，其中文学作品则会得到极为细致的讲解。因此才会有许多作品通过勤奋的学生之手流传到我们的时代。

当谈到古埃及象形文字（Hieroglyphen，意为"圣书体"）时，人们通常指的是一种艺术性很高、造型精美的字体，这种字体有时会被涂上色彩，主要用于神庙墙壁、立柱和墓志铭。但学生主要学习的是另一种从圣书体衍生出来的斜体字，这种字体更适于日常使用，如今人们习惯称其为"僧侣体"（Hieratische Schrift）或书写体。简而言之，僧侣体与圣书体之间的关系相当于我们今天的手写体和印刷体。第三种字体叫作"世俗体"（Demotische Schrift）。这是一种从僧侣体演变出来的简化字体，大约从公元前 700 年开始得到使用。

托勒密王朝及罗马人统治时期，世俗体是埃及人日常生活中常用的字体。所用的书写工具是灯芯草，草的一端尖细，被碾成笔尖的形状，充当墨水的原料颜色为红色和黑色，在一块调色板上用水搅拌均匀后即可使用。埃及人将重要的文件写在珍贵的莎草纸上；而对于普通文本或日常生活中的书写，人们则会使用陶片，因为这种材料随处可见，能够轻易获取。

3．神祇与国王

给埃及文化打下深厚烙印并为人们了解埃及大开方便之门的是宗教。埃及宗教并非神灵进行自我揭示的启示宗教或圣典宗教，而是一种由神话和祭仪决定的宗教：埃及人在凡间和天上所见之物，都能显现出男女神祇的伟力。埃及宗教中存在大量形态各异的神明，他们或居住在天堂，或置身于地府。

人类在凡间为神明建造神庙，这样伟大的神明也可以在人类世界拥有自己的居所。在神庙最幽深的地方放置着锁闭的神龛，里面矗立着金石材质的祭祀像，只有少数遴选出的祭司允许涉足此地进行日常工作。神庙中的其他房间也只有具备一定特权的人员才可进入，普通信众只能在神庙门口进行祈祷。

除了后来发展为宇宙神论（为世界赋予神性）的多神教，民众中还活跃着对一名唯一大神的信仰，这位神明一般被认为是太阳神拉（Re）。但这种唯一性也可移植到其他神明身上，例如普塔神（Ptah）和文字的主宰及众神的书记官托特神（Thot），又或者转移至阿蒙（Amun，意为"隐藏者"）身上，阿蒙自公元前 2000 年就开始领导埃及众神。与此同时，其余的众多神祇也有其存在的必要，因为多神共存使人类能够更加方便地接近神的世界，使人能够与神对话。神明也同人类一样会衰老，会死亡，也需要更新换代，因此在埃及人的观念中，创世并非一劳永逸，而是一个不断更新的行为。无论是神还是人，这两者都统一于对"玛亚特"（Maat）的义务。"玛亚特"这一概念一般译作"真理""正义""公义"，其内涵多元，因此在翻译时无法找到一个单独的词来进行表达。

创世之神在创造世界之初设立玛亚特，使其充当世界秩序的化身，此概念代表了混沌（Chaos）的对立面，其内涵包含了自然法则，并规定了人与人之间共处的秩序。埃及人将这一概念人格化为女神玛亚特，她被认为是太阳神拉的女儿。她头戴一根鸵鸟毛作为装饰，这根羽毛的图形便是她的书写符号。但是神与人的义务不仅仅是实现"玛亚特"，他们还有义务阻止妨碍创世、威胁自身或制造虚无之物。"伊斯费特"（Isefet）是一个埃及语集合概念，意指消极力量和创世之敌。它包括谋杀、谎言、暴力及死亡，还包括痛苦、匮乏、战争和不公。

在埃及流传的多种创世观念中，"宇宙演化论"（Kosmogonie）因其话语体系及其具备的魔力而显得尤为重要。这一观念主要被记载于一块玄武岩板上，这块石板现存于大英博物馆，以"孟菲斯神学纪念碑"之名著称。居于中心地位的是创世神普塔，他是工匠和手工业者的保护神。普塔在孟菲斯城的祭仪中占据核心地位，通常他被描绘成一个身躯没有分节、头部被帽子紧紧包裹的人。碑文称："普塔利用思想与语言创造了众神、世界和人类，以及饮食、正义与法律等一切好的事物。玛亚特被赋予了做被喜悦之事的能力，伊斯费特被给予了做被憎恶之事的能力。于是，热爱和平之人被赐予生命，作奸犯科之人被赐予死亡。"

根据埃及人的观念，一位神明可以同一位或多位其他神灵产生内在联系，这种现象在神学上被称为"共居"或"混同"。在这种共居过程中，神灵的名字被简单地排列起来。例如阿蒙神和太阳神拉结合在了一起，这样人们就称其为阿蒙-拉。这种共居现象可能只是暂时的，但也可能持续更长时间。除了太阳神拉之外还有其他的太阳神；每位太阳神代表的是太阳的特殊一面，分别与一天中的各个时间相对应。例如凯布利（Chepre，意为"自生者"）代表了早晨的太阳，其形象为一只蜣螂（圣甲虫）。埃及人曾观察到，甲虫的后代是从泥土里钻出，仿佛它们是生于泥土，于是人们便将这种动物与晨之太阳神进行类比。而人们认为正午的太阳是哈拉胡提［Harachte，即"地平线上的荷鲁斯（Horus）"］，他以头顶太阳的隼的形象飞过天际。太阳在傍晚的形象是阿图姆（Atum，意为无差别者），这是一位重要的原始神。

埃及众神中最具威望且在神学意义上最为复杂的女神是哈托尔（Hathor，意为"荷鲁斯的居所"）。远古时期她就被视为女天神，正如其名所代表的，她与荷鲁斯有联系，因此也与太阳有关。人们将哈托尔比作太阳神拉的一只喷着炽热火焰的眼，由于她具有毁灭的力量，又得一别名为"恐惧的女主人"。

哈托尔同样也是音乐、舞蹈和爱之女神，这也就无怪乎希腊人认为她就是阿芙洛狄忒（Aphrodite）了。哈托尔也有母性的象征。除此之外，她在底比斯（Theben）主要被尊为死神。在绘画中，哈托尔常以母牛的形象出现，或被描绘为一名将牛角和日轮作为头饰的女性。她的主要敬拜地是位于埃及中部的丹德拉（Dendera）。

许多神明都被赋予一种动物的形象，这些动物最初都与神的本质有关。因此墓地守护神及木乃伊制作之神阿努比斯（Anubis，意为"小狗"）便与胡狼联系在了一起，而被佩戴于王冠之上、分别代表了上下埃及的女神奈赫贝特（Nechbet）和瓦吉特／乌托（Wadjet/Uto）便与鹫和眼镜蛇有关。

还有许多神明彻底以动物形象或动物头人身的形象出现。但是埃及人绝对没有真的认为众神祇就是这般形象。动物头或动物身形更多的是用于标识或区分，就像在基督教中，耶稣常被描绘为上帝的羔羊，圣灵则被描绘为白鸽。福音书作者马可、路加和约翰也曾在过去以动物形象作为象征（如狮子、公牛和雄鹰）。建于15世纪的特里布塞斯（Tribsees，位于梅克伦堡－前波莫瑞州）托马斯大教堂内那座华美的雕花祭坛就将这些福音书作者描绘成了有着动物头的人类。

古埃及神学家试图将这些神明进行系统整理。于是在底比斯，阿蒙和女神姆特（Mut）同少年神孔斯（Chons）组成神圣家庭，以三位一体的形式得到崇拜。另一组则是八元神，由四对神组成。位于埃及中部的赫尔摩波利斯（Hermopolis）就直接被尊为"八元之城"。众神也被整理为九元神（三乘三即为复数的复数）。九元神中最为古老的神明居住于赫里奥波里斯（Heliopolis），居于首位的是阿图姆神。

国王代表了生存秩序，是国家的中心；他是创世神之子，是神明在地上的拓像。虽然有很多的证据能证明国王具有神的属性，但法老依然不能与神明平起平坐；作为人的国王终究还是肉体凡胎。具有神性的只不过是王位、礼服、王冠、统治者权杖和国王的武器。法老是"玛亚特"在此间世界得以实现的保人，他捍卫道德与正义，通过献祭和为通往极乐世界的死者设立丧宴来取悦众神。当然，国王也不得不将这些重任委托给官员和祭司，归根到底，在尘世实现"玛亚特"是全民的使命。

人们清楚，纯粹形式上的"玛亚特"，即创世之初产生的"玛亚特"，早已不复存在。恶行"伊斯费特"已遍布各处，再也无法驱除。不公、谎言、战争和死亡已成了世界的固定组成部分。

没有任何一个民族像埃及人那样看重死亡；死亡对他们来说不是终点，而是前往另一个世界的新起点。因此今天留存下的大部分遗物都来自死者的国度。在埃及宗教史的不同时期里，彼岸世界所在的位置也不同，起初位于西面的沙漠，后来到了天上，最后位于冥府。彼岸具有与此岸完全不同的特征；虽然那里居住着大批神祇，但是也存在许多危险。

通过死亡，人可以和神明直接接触。人们相信，每名死者都必须在彼岸接受审判，最高审判者便是亡灵之国的统治者奥西里斯（Osiris），至今他仍是埃及众神中最为著名的神灵。根据神话，统治埃及的奥西里斯曾被弟弟赛特（Seth），即残暴之神所杀死，并被夺去了王位。奥西里斯的妹妹也是妻子的伊西斯（Isis）用尽全力悲叹丈夫的命运并进行控诉，使得死者最终被唤醒，从而怀上了奥西里斯的孩子荷鲁斯，荷鲁斯出生后得以为父报仇。然而奥西里斯真正的复活完成于彼岸世界，他最终成为冥府的统治者。

现存的大量亡灵书表明，死亡是生命的一部分，甚至令生命变得更为强大。创世之初订立的法则"玛亚特"同样适用于亡灵的国度。在进行审判时，死者的心脏会同玛亚特头上的羽毛一同称重，若装有死者心脏的一端下沉，那么死者便会被交给一个可怕的生物"吞噬者"处置，这是一种人格化的地狱之口，若是天平两端保持平衡，那么死者就得到了拯救，得以在彼岸世界开始新生。

4．古埃及的社会结构与形态

一切国家权力都被掌握在国王之手。然而他必须将领导和治理国家的任务委托给他人，这样就产生了一批官职，而要想担任官职，必须同国王本人有密切的关系，因此任何一名官员都少不了"国王熟悉之人"这个头衔。当然，任职者必须能够胜任自己的职位，并懂得读写。最高等级的官吏是维齐尔。他掌管国库，是国家的最高法官，同时也指挥食品生产，管理国家档案；此外，他还也负责施工和统领军队，他直接从国王那里获得指令，只对国王负责。

公元前 1500 年以后，维齐尔被分为上埃及维齐尔和下埃及维齐尔。公元前 1300 年前后，维齐尔职务又曾被短时间合并。官吏和祭司之间的界限较为模糊；大祭司或神的"第一先知"是神庙祭司的首脑，在某种程度上拥有极大的权力。在公元前3000年，用于战争的军队不具备重要作用。直到公元前2000年以后才出现了职业军人，他们接受过特殊训练，懂得使用不同武器：弓箭、投枪和弯刀。后来军人还掌握了骑马和操纵战车的技能。此时在军队中服役可以获得在国家官僚等级中晋升的可能，军队领导层开始能够逐渐对国王施加影响。

只有一小部分特权阶级能够拥有自己的地产，这是他们的私人财产，当时并不存在自由职业和个体经济，大多数人都依赖于国有地产。今天意义上的"奴隶"或"奴隶制度"绝不适用于埃及社会中的等级依附关系。

只有了解埃及、具备本国观念的人才被看作真正的埃及人，他们对外乡人毫不信任。在这种观念的影响下，人民生活安定，这就使得尼罗河流域的居民情感较为克制，不会过分热烈。他们善于妥协，愿意和解，但在紧要关头又能够做出果断的决定。埃及人在绘画中用不同的颜色将百姓分为四类：黄色的是亚洲人，白色的是利比亚人，黑色的是非洲黑人，红棕色的是埃及人自己。同时，埃及语中用于描述不同颜色的词也包含了"外貌""本质"和"性格"等多种含义。

埃及人相信有针对性的教育有助于塑造和培养年轻人。这一观念在一类特殊的文学体裁"智慧学"中得到体现。在智慧学文本中会有一位虚构的老父亲把自己的生活经验当作遗嘱传授给儿子。如果遵守了父亲的教导，结局便会成功美满；若不顾父亲的教导，则会失败和不幸。埃及人热爱文学，他们试图写下一切、保存一切，此外，他们还具备抽象思维的能力，这是从事科学及艺术工作的重要前提。

　　基于精确的天文观测，埃及人编制了一套历法，根据这套历法，一个太阳年有 365 天，一年被划分为 12 个月，每个月有 30 天，余下的五天是额外的日子。每一季则有四个月，各季节名分别为"洪水""冬季"和"夏季"。这套历法对于宗教、祭仪和农业具有重要意义，但它比一个恒星年①要短四分之一天，因为每过 4 乘以 365 年（即 1460 年）就有一年的误差。为了弥补这一错误，埃及人将每一年对应天狼星 [Sirius，埃及语为"索普代特"（Sepdet），希腊语为"索提斯"（Sothis）] 的偕日升作为一年的开始，偕日升现象会定期出现，此后天狼星会消失一段时间，在新一年开始的时候重新出现在天际。

　　埃及人有一种特殊的观念，认为世间的一切存在都

_____

①　恒星年即地球绕太阳公转的周期。

成双成对。因此他们这样称呼创世之前的远古时代："当世间还未有成双之物时"。尼罗河流域又名"两岸"或"两地"，埃及国王则头戴上埃及和下埃及王冠；即使是无尽漫长的时间（永恒）也被埃及人区分为线性发展的永恒"杰特"（djet）和环形发展的永恒"内赫"（neheh）。尤其是"人"这一概念天生具有两重属性，具体而言是分为男性和女性。

家庭是人们进行共同生活的最为密切的社会形式。婚姻通常是一夫一妻制，侧室较为少见（王室除外）。男子负责赚取家计所需，女子则负责持家劳动，除此之外，男女在法律上地位平等。

埃及人的纪年法全然不同于我们今天的历史书写方法。整个埃及历史并不采用数字纪年法。最初人们是根据特定历史事件来为年份命名，例如战役、庙宇的建造或神像的落成，这种方法被称为编年史记录法（Annalen）。

古王国时期每隔两年就会为了纳税而计算全国的牲畜总量；人们将这种定税方式与国王的名字联系起来（例如某某国王治下的第二次计数年），这样就有了一种全新的日期计算方法。后来人们转而根据国王的统治年份来计算日期。历史文献的记录完全以国王为准，国王的作为得到美化和赞颂。他是历史的承载者。即使偶尔会有人稍微提出批评，其涉及的也绝非真实的历史或事件发生的准确经过。国王将历史当作节日来庆贺。随着时间的流逝，年老的国王逐渐开始无力实施全面统治。通常国王登基三十年之际会举行一次纪念活动，又称"赛德节"，埃及语为"赫卜赛德"（Hebsed），以期借此收回失去的力量，并通过仪式将力量加以更新。

一些重要的一手文献已为现代历史学家提供了以时间为顺序的埃及历史的基本轮廓。除去各个时期的大量文献，还存在关于早期时代和古王国时期的部分编年史残卷，这些文献与其他古埃及时代典型的标有日期的纪念碑相一致。此外还有一些石板和帝王世系表，例如现存于都灵埃及博物馆的一份莎草纸文本。

具有重要意义的是一部埃及祭司曼内托（Manetho）于公元前280年为托勒密二世（Ptolemäus II）撰写的希腊语史书。将埃及历史划分为31个王朝的做法正是源于该书。可惜的是，如今我们只了解了曼内托作品的部分片段，这些内容为犹太史学家弗拉维奥·约瑟夫斯（Flavius Josephus，公元37—110年）和一些古典晚期的基督编年史作者所保存。

二

早期时代与古王国时期

1．史前时期及其遗址

1928 年，奥地利埃及学家赫尔曼·容克尔（Hermann Junker，1877—1962）在考察西尼罗河三角洲时，在麦里姆达·贝尼·萨拉姆（Merimde–Beni Salame）附近发现了一处庞大的史前聚落。一处新石器时代的村落遗址得以重见天日，其历史可以追溯到公元前 50 世纪的下半叶，人们根据发掘地将其命名为麦里姆达文化。

麦里姆达人一部分从事渔猎和采集工作，还有一部分已定居下来从事农耕，并使用芦席建造房屋。人们还发现了草编垫的痕迹以及固定有柱子的孔洞，同时还有陶器和火石。此外，还可以确认遗址中有用于储存食物的库房，其中有盛放谷物的粮仓的痕迹。在后来对麦里姆达的发掘中（1982 年）发现了一个涂有黄色颜料的男性头像（现存于开罗博物馆），此物是用赤陶制成。这件公元前 5000 年的塑像是目前非洲大陆上以人类为题材的最早的艺术品。

19 世纪末，英国考古学家弗林德斯·皮特里爵士（Sir Flinders Petrie, 1853—1942）在位于卢克索（Luxor）北方 27 千米处的涅伽达（Negade）附近发现了一处大规模的史前墓葬。自此，整个上埃及地区的文化发展便因该遗址而得名。

遗址中的堆积物呈现出两种前后相继的土层，于是皮特里将它们分别命名为涅伽达一期（Negade I，公元前 4000—公元前 3500 年）和涅伽达二期（Negade II，公元前 3500—公元前 3200 年）。后来在此基础上，又增加了一个阶段，即涅伽达三期（Negade III，公元前 3200—公元前 3150 年）。

在埃及中部小城拜达里（Badari）附近发现了涅伽达文化的残余，此外还发现了部分墓葬，里面有一些边缘被熏黑的红色抛光陶器，这些物品的年代显然早于涅伽达一期。在这片墓葬群中还挖掘出了铜珠和象牙制品。人们将其命名为拜达里文化，该文化可能于公元前4000年左右平稳而直接地过渡到了涅伽达一期。这一时期的上埃及居民主要是游牧和畜牧民族，他们没有固定居所，只会为死者建造一处类似聚落的墓葬区。

涅伽达一期最典型的特征便是拥有经过抛光的红棕色陶器，上面绘有黄白色花纹。这些图案表现了人类对自然的看法：太阳在有些抽象的山峦间闪耀，一条条象征水的线条表明这是尼罗河，丰富多彩的动物世界则只花费了寥寥数笔。此外还出现了动物形状的器皿，以及石板制成的几何形状的化妆用调色板，这主要是用于研磨眼妆所需要的颜料。尤为值得注意的是一些形象丰满的舞蹈女俑，她们的身体通过极为简明的线条勾勒了出来。还有一些是长有胡子的男子，他们部分四肢缺失，躯体只有大概的轮廓。

现在还不能确定涅伽达一期是如何过渡到涅伽达二期。或许涅伽达文化是受到了来自中东地区的影响。新型文化不仅占领了涅伽达一期所在地区，还在空间上继续延伸，上埃及北部格尔津（Gerzeh）和阿布西尔-马拉克（Abusir el-Meleq）附近的墓葬、位于法尤姆的哈拉盖（Harageh）和塞德蒙特（Sedment）附近的墓葬以及位于东部三角洲的明斯哈特·阿布·奥马尔（Minshat

Abu Omar）和易卜拉辛·阿瓦德丘（Tell Ibrahim Awad）附近的墓葬正说明了这一事实。

这表明这一地区在某种程度上已实现了文化及文明上的统一。以波形耳瓶为主要代表的陶器基本色调为米色，并带有红棕色的图案。由于图案中从未出现过战斗行为或战争场面，人们可以推测，新时代的发展是通过和平手段实现的。其中首次出现了船只的图案。陶土和石制的人像以及使用金属的手法也证明了当时的手工技术较为高超，人们已经能够充分利用这些材料。化妆用的调色板一般是动物形状，外形大多是抽象化的龟、鱼、象、鸟和河马。

史前时代的最后阶段是被称为涅伽达三期的一段较短的时期。此时的人已不再制作彩绘器皿。与此相反，形状各异、充满幻想的石制器皿的制作极为繁荣，这些器皿的外形更为细长和严谨。这一时期人们已经开始第一次尝试将首领的名字（可能还未用到"国王"这一称谓）以书面形式记载下来。这些名字主要借助鱼、象、牛、鹳和犬等动物形象来摹写。这种人与动物的一致性表明，早期的人们认为动物在力量、速度和在特殊环境下生存的能力方面超越了人类，它们拥有神一般的能力。从那些外形丰满的人偶上可以看到即将出现的"法老艺术"

在造型和制作工艺方面的全部特征。公元前 3150 年前后出现了埃及最早的国王形象——蝎王一世（Skorpion I）。他的陵墓位于阿比多斯（Abydos），由 12 间墓室组成，陪葬品中有小型骨制品和象牙挂饰板，上面的铭文是目前最为古老的埃及文字。

2．早期时代：统治之基

公元前 3150 年至公元前 3000 年这段时间被称为前王朝时期，若考虑到统治者的话，则又被称为零王朝。这一时期十位国王中的最后一位较为著名，他就是那尔迈王（Narmer）。经过漫长的拉拢和征服，那尔迈完成了对上下埃及的统一。国王最重要的都城是希拉孔波利斯（Hierakonpolis），埃及语为"奈亨"（Nechen），该地位于上埃及埃德夫（Edfu）以北。那里还有一座献给天神荷鲁斯的具有重要意义的神庙，国王被看作荷鲁斯在凡间的化身。神名"荷鲁斯"是统治者的称号。因此当文献提到国王的名字时都会出现一个宫殿外墙的图案，上面蹲着一只荷鲁斯隼。国王的名字会被写在外墙图案上。

1897 年发现于希拉孔波利斯的那块华丽的荷鲁斯-

那尔迈国王调色板（现存于开罗博物馆）极负盛名，被视作国王征服下埃及的纪念碑。画上的国王头戴上埃及王冠，挥舞着一根大棒，试图击打一名已倒在他面前的敌人。这幅"打倒敌人"的画后来成为王权得胜的象征，直到古埃及后期依然在使用。那尔迈是最后一位史前时代的国王，这些国王建立起了人类历史上第一批具有固定领土的国家。

现存于阿比多斯神庙中的塞提一世（Sethos I，公元前1290—公元前1279年在位）帝王世系表称美尼[Meni，希腊语为"美尼斯"（Menes）]是埃及历史中的第一位国王，因曼内托将其列于其所写作的《埃及史》的开端。通过一枚王子印章我们得知，美尼斯是那尔迈国王之子。他的王衔名为"荷尔·阿哈"（Horus Aha，意为"战士荷鲁斯"），第一王朝正是由他建立。但官方帝王世系表记载的是他的出生名"美尼"。

荷尔·阿哈（公元前2982—前2950年在位）在上下埃及的交界处建立了新的堡垒和都城，后来此城面积扩大，称为孟菲斯城。离此地不远，在萨卡拉（Sakkara）附近的一座荒原上，荷尔·阿哈为自己建造了一座长方形的巨大陵寝，今天我们称之为"玛斯塔巴①"（Mastaba，

---

① 玛斯塔巴是一种早期的地上陵寝，外形为长方形平台

阿拉伯语指代"板凳")。人们在岩石上凿出五座墓室，上面用尼罗河泥制成的砖砌成一座五米高的立方体，接着覆盖一个木制顶。类似宫殿立面的四面外墙被划分为前后突出部，并在前方立有一排黏土制成并带有真正牛角的公牛头。在北面不远处，紧邻着玛斯塔巴存在着一处用于亡灵祭拜的场地和一条供船只行驶的沟，国王需要在彼岸世界使用船只。

这座陵墓为萨卡拉大墓葬群的建造拉开了序幕。不过荷尔·阿哈还在阿比多斯为自己建造了一座大型陵墓，其规模超过了前人所建的所有陵墓。第一王朝所有国王都在这两处墓葬群建有陵寝，这表明他们拥有这样一种观念，即"两地"统治者在上埃及和下埃及都必须拥有一座陵墓。

在荷尔·阿哈统治时期，埃及引入了历法，这一成就使得荷尔·阿哈之名居于埃及历史的开端。在荷尔·阿哈治下，人们开始在石板上记载历史，早期时代以及古王国直至第五王朝历年大事都被记录了下来，可惜只有一份损毁严重的年鉴得以保存至今。最大的一块残片被保存在巴勒莫（Palermo）考古博物馆，因此该残片又

状，形似住宅，内有祭祀用厅堂，墓室位于地下，上下有阶梯或斜坡甬道相连，是金字塔的雏形。

被称为"巴勒莫石碑"。

在荷尔·阿哈统治时期，国家管理制度得到改革，开始实行中央集权。与此同时，船只沿海岸线定期进行远航促进了埃及与中东乃至黎巴嫩的贸易，埃及人可以从那里获得珍贵的针叶木材。因此有必要继续发展象形文字，以便能将消息和国王的命令传达至每个地方。不过统治者也会亲自出现在全国各地，他与全体朝臣四处巡游，以向神献祭的名义接受纳贡，进行司法审判，通过其充满魔力及神性的力量为民众带来福祉。有权代表国王行使权力的最高官职由王子及王族核心成员掌握。国王死后可能会同先祖一样被葬在阿比多斯。一同被埋葬在狭小墓穴中的还有仆人、后宫嫔妃、宫廷侏儒和国王最喜爱的狗，这是一种残忍的风俗，统治者去世后，仆人也要一同死去，以便能在阴间陪伴国王。该仪式于第一王朝末期得到废除。

荷尔·阿哈死后，王位曾空缺过一段时间。随后登上王位的是荷鲁斯·哲尔（Horus Djer，意为"捕手"）。在哲尔漫长的统治时期里（公元前2949—公元前2902年），国家政权得到巩固。他击溃了从尼罗河三角洲西面进犯的利比亚部落，并在那里的 [距离现在的布托城（Buto）不远] 佩（Pe）附近建造了一座宫殿。此外，他还进行农业生产规划，以确保死去的国王在阴间也能拥有足够的食物。

哲尔取得了大量的成就，这使得他在三千年后依然享有极高的声誉。萨卡拉有一座献给哲尔的带有神龛的玛斯塔巴，这座玛斯塔巴第一次利用石料做顶。他在阿比多斯的墓穴是第一王朝中体积最为庞大的。差不多呈正方形的内室中有一间木制的墓室，其外形类似国王的住所，这在当时极为罕见。墓穴中发现了一些昂贵的饰物，其中包括四副黄金和宝石打造的手镯。后来（据考证是自第十八王朝开始）荷鲁斯·哲尔的墓便被看作死神奥西里斯之墓。

这位国王的继任者是其子荷鲁斯·瓦吉（Horus Wadji，公元前2902—公元前2889年）。"蛇王"或"杰特王"（Djet）这两个称谓也十分常见。根据目前所了解的情况，瓦吉也拥有两处陵寝（分别在萨卡拉和阿比多斯）。他在阿比多斯的墓碑上只出现了国王的荷鲁斯名，这块墓碑是一件浮雕艺术的杰作（现藏于巴黎卢浮宫）。

瓦吉国王去世后，其子荷鲁斯·登（Horus Den，意为"锐利者"）继承了王位（公元前2889—公元前2842年在位）。登尚未成年时，其母美莉奈茨（Meritneith）曾统治国家数年，此女可能是哲尔王的一个女儿，她和国王一样也在萨卡拉和阿比多斯两地各建有一座陵墓。

在荷鲁斯·登漫长的统治期内，第一王朝达到了政治上和文化上的高峰。此时的法老开始将"树蜂衔"（nisut–biti，意为"上下埃及之王"）引入官方头衔。目前可证实这位统治者举行过两次赛德节。他曾在西奈和南巴勒斯坦成功实施军事行动。国家管理体制得到重新组织和改革，同时他还引入"国库"承担某种经济财政部门的职能，并扩建了手工工场。

在萨卡拉出现了供国王使用的三处陵墓和一处祭祀区，不过他位于上埃及阿比多斯的陵墓外形尤为精美：地面由红色的阿斯旺花岗岩铺就而成，墓碑则采用的是灰绿色闪长岩，两色交相辉映。陵墓在建筑结构上的创新是拥有一间其他人不得进入的用于存放雕塑的墓室，并还有一条供国王死去后使用的阶梯出口。荷鲁斯·登去世后，第一王朝还有三名国王，政治上的动荡和王位之争一直伴随着他们的统治。

到了第二王朝时期（公元前2803—公元前2657年），政治和文化发展的重心完全转移到了下埃及。于是人们放弃了在阿比多斯建造王陵的传统。国内出现了冲突和教派纷争，战争动摇了国家政权。第二王朝的第五位国王伯里布森（Peribsen）没有将自己的名字与荷鲁斯联系在一起，而是将赛特神的名字作为自己的王衔，这一点清楚地说明了冲突的程度之深。来自奥姆波斯（Ombos）涅伽达的暴虐的赛特神被认为是上埃及和沙漠之神。赛特·伯里布森国王在阿比多斯附近建造了一座堡垒，并重拾古代传统，在那里建造了一座王陵。下埃及的反对力量也不甘示弱：一位荷鲁斯统治者在北方自立为王。

第二王朝的最后一位国王荷鲁斯-赛特·卡塞凯姆威（Horus-Seth Chasechemui，公元前2684—公元前2657年）试图结束国家分裂的局面。他将赛特和荷鲁斯的称号合二为一，自称卡塞凯姆威以代表两位神明，此名的具体意思是"两股力量出现"。这种二元论并不鲜见，因为根据古老的君王神学，国王将荷鲁斯和赛特两位神灵统一于自身，而王后头衔早已是"观照荷鲁斯与赛特者"。

卡塞凯姆威成功地实现了国家政权的再次统一。国王下令在阿比多斯和希拉孔波利斯大兴土木，岩石开始成为最重要的建筑材料。在卡塞凯姆威统治时期，他的官方及私人塑像都拥有极富艺术感的外形。最负盛名的是卡塞凯姆威的两座将近60厘米高的华美坐像，它们被发现于希拉孔波利斯，是为其统治周年庆典所作（现藏于开罗博物馆和牛津大学阿什莫林博物馆）。

3．岩石之国：金字塔时代的开端

随着历史进入第三王朝，一个辉煌的时代来临了，我们将这一时期称为"古王国"。这一时期的特点是经济和科技得到飞速发展，农业繁荣，手工业、数学和天文学勃兴。无与伦比的建筑、雕塑和绘画纷纷涌现。

此次居于领先地位的是下埃及，而上埃及略微有些没落。位于上下埃及地区交界处的王都后来发展成首都孟菲斯。第三王朝的建立者是尼布卡（Nebka，公元前2657—公元前2640年在位），他迎娶了第二王朝最后一位国王的一个女儿。他在位时的历史基本不为人所知。真正广为人知的是他的继任者（可能是尼布卡之子）。今人通常认为他名叫左塞尔（Djoser，公元前2640—公元前2620年在位），但在他所处的时代没有任何纪念碑以此名称呼他，他始终是以荷鲁斯名"尼特杰里赫特"（Netjerichet，意为"众神中最具神性者"）示人。在被考证为第十八王朝早期的古埃及涂鸦中他才被称为左塞尔王，并且因为埃及人在他执政期间开始建造石制建筑，他还被誉为纪念性岩石建筑的发明人。

左塞尔的陵墓位于早期王陵以南的萨卡拉荒原上，它是人类历史上最古老的岩石纪念物，因其建筑结构及艺术上的成就而令人惊叹。在一堵长545米、宽280米、高达10米的石灰岩外墙围住的巨大区域内，人们用岩石仿制了一座统治者在尘世的居所。这是永恒的王都，它永远宣示着统治者的权力要求，统治者也能在这里永远地庆祝自己的统治纪念日。

在这片区域内耸立着一座阶梯状的金字塔，仿佛一座巨大的原初之山（根据古埃及早期宗教观，原初之山是从原初之水中出现的第一片陆地）。金字塔高达60米有六个台阶。死去的国王将经由台阶去往天堂。金字塔北边有一处通向内部的入口。一条深邃的甬道连接着一个由廊道和墓室组成的纵横交错的系统，一直通往棺椁墓室，该墓室被红色阿斯旺花岗岩包裹。在北面的亡灵殿旁有一座真人大小的国王坐像，由彩绘石灰岩制成，被安放在一间带有两个窥孔的狭小的房间内。

雕塑身着节日盛装，头戴一顶沉重的假发，上面盖有一块国王头巾。虽说有一定程度上的损毁，但其面貌依然充满魅力，极富表现力。修建这座建筑的天才建筑师及工程负责人是国王的维齐尔，名叫伊姆霍特普（Imhotep）。在一座雕塑的基座上（现存于开罗博物馆）

标有他高贵的头衔。他被后世看作伟大的智者和圣人，甚至被认为是普塔神的儿子，自然有资格享受他人的崇敬。希腊人将其与医神阿斯克勒庇俄斯（Asklepios）相提并论。

左塞尔王在位期间，整个国家得到重新组织，被划分为多个行政区。这样一来，粮食供应就可以得到保障，不需要再依赖于尼罗河泛滥。部分行政区需要向王都缴纳贡赋，王都将供物纳入库房统一管理，接着再有针对性地分配到最为偏远的地区。这种重新进行组织的模式要求一个规模更为庞大、官僚人数更多的管理机构。

左塞尔时代的这些高官将自己的陵墓建在萨卡拉阶梯金字塔四周。在"王室首席书记官及最高牙医"海西拉（Hesire）的玛斯塔巴墓中有若干一米高的木制嵌板（现藏于开罗博物馆），它们用浮雕描绘了墓主身着多种服装摆出不同姿态的情形。浮雕以高超的技巧展示出了埃及平面画的形式规则：人的每个身体部位都以尽可能特殊化的视角得到展现，侧面与正面相交替。

第三王朝的私人雕塑也有了新的发展方向：那位后来被深受喜爱的蜷坐在地上的书吏，在紧绷的罩裙上铺开莎草纸卷，左手持纸，右手书写，这种雕塑风格正是起源于这一时期。

左塞尔的继任者是荷鲁斯·塞汉赫特（Horus Sechemchet，意为"众神中最强壮者"），此人于公元前2620—公元前2613年在位。他也在萨卡拉为自己划定了一片四周筑有围墙的带阶梯金字塔的区域，但由于这位统治者过早离世，这处设施未能完工。第三王朝的最后两名国王分别是荷鲁斯·哈巴（Horus Chaba）和出生名为胡尼（Huni）的国王。公元前2590年，胡尼国王去世，被安葬在位于萨卡拉北部一座今天已损毁严重的阶梯金字塔内，接着便是改朝换代。

4. 第四王朝：建筑与造型艺术的繁盛期

第四王朝的建立者是斯尼夫鲁 [Snofru，意为"（神）使我完满"]，荷鲁斯名为尼布玛亚特（Nebmaat，意为"玛亚特之主"）。他的正妻名叫海特裴莉斯（Hetepheres），是胡尼之女，可能是她将合法王权传给了斯尼夫鲁。斯尼夫鲁在位期间（公元前2590—公元前2554年），埃及在艺术和文化方面开始呈现出繁荣的局面，而斯尼夫鲁也因此成为埃及拥有建筑最多的君主之一。巴勒莫石碑上的编年史称当时建造了一座新宫殿，宫殿的大门用香柏木制成，此外，国王还大量建造船只，并出兵努比亚，掠夺了大批俘虏和牲畜。当时还开辟了大片新的经济区和牧场。

在整个第四王朝具有特殊意义的活动便是建造金字塔。国王斯尼夫鲁便在萨卡拉南部50千米处的王都美杜姆（Medum）附近建造了一座自己的金字塔，将之命名为"节德-斯尼夫鲁"（Djed-Snofru，意为"斯尼夫鲁永垂不朽"）。这座金字塔的建造过程遵循了太阳的东升西落。起初的设计蓝本是一座阶梯金字塔，后来曾被扩建一次，最终被改造为一座"经典外形的"金字塔（这种外形的金字塔基座为正四边形，上层是由四个等腰三角形组成的塔身）。

此外，当时还建有一些祭司用建筑和一座供斯尼夫鲁的儿子内弗尔玛亚特（Nefermaat）和拉荷泰普（Rahotep）使用的王子墓地，著名的绘画《美杜姆群鹅图》（现藏于开罗博物馆）便出自内弗尔玛亚特的陵墓。后来都城迁往位于美杜姆以北45千米处的代赫舒尔（Dahschur），"节德-斯尼夫鲁"金字塔便被弃置不用了。

国王又在代赫舒尔建造了两座金字塔，一座被称为弯曲金字塔，其下方的倾斜角度要大于上方，另一座位于弯曲金字塔北面，今人将其称为红金字塔，因为它的外皮已经脱落，露出了微红色的石灰岩底。祭祀场所则散落在东边。

弯曲金字塔带有一座装饰有华丽浮雕的河谷神庙，里面放置着真人大小的国王雕像。这两座金字塔共同构成一个宗教及建筑统一体，被称为"闪耀的斯尼夫鲁"。负责这片建筑群的总工程师是国王之子卡诺费（Kanofer）。国内位高权重之人才有资格在代赫舒尔和美杜姆金字塔旁建造自己的陵墓，这样他们死后也能与统治者紧密相连。

美国考古学家乔治·芮斯纳（George Reisner，1867—1942）率领的考古队的惊世大发现已经告诉我们，金字塔中埋葬了怎样多到无可估量的财宝：1925 年 2 月，人们偶然间在吉萨（Giza）发现了一处 25 米深的甬道，直通一个墓室。这座墓室自第四王朝时期就再也未被人触动过，人们在里面发现了海特裴莉斯王后珍贵的陪葬品（现藏于开罗博物馆）。

斯尼夫鲁去世后，他与海特裴莉斯所生之子胡夫（Chufu，意为"克奴姆神保佑我"）登上了王位。更为我们所熟悉的是他名字的希腊化形式：基奥普斯（Cheops）。现存只有一座他的塑像，上面写有他的名字：人们在阿比多斯发现了这座高仅 7.5 厘米但却栩栩如生的象牙微缩像，这位统治者头戴红色下埃及冠，端坐王座之上（现藏于开罗博物馆）。然而他的名字永远与吉萨的大金字塔紧紧联系在一起。这座金字塔是古代最高大最宏伟的建筑，古代世界七大奇迹中唯有它经受住了时间的考验。

对古埃及人而言，建造金字塔是一种宗教行为：这意味着他们在打造一座连接此岸与彼岸的桥梁，意味着他们在敬拜神灵。国王通过金字塔得以升天，也确保参与建筑的臣民获得不朽。能够建造如此宏伟的建筑自然证明了埃及人具有高超的组织能力。不过，有人认为奋斗在金字塔建造工作一线的是奴隶大军，显然这种观念根本是天方夜谭。

参与建造金字塔的主要是建筑师、天文学家、数学家、出色的手工艺人和技术工人，有时会有一些因尼罗河泛滥而休耕的农民被拉来做一些辅助性工作。人们从采石场采来巨大石块，随后将其装船运输到工地附近。接着石块被转移到木头滑板上，由人力和畜力经砖石搭起的斜坡直接拉到建筑上，最后被安放在准确的位置。胡夫金字塔的建筑师是胡夫国王的侄子维齐尔赫米乌努（Hemiun），他以一座孤立的山岩为中心建起了金字塔，赫米乌努本人精美的坐像目前保存在希尔德斯海姆的勒梅尔-佩利察奥伊斯博物馆（Pelizäusmuseum

Hildesheim)。

胡夫金字塔有"基奥普斯天际线"之称。这座金字塔侧边长230米，由250万块巨石砌成，每块石头重达数吨，塔身倾角51.5度，塔高近147米。这座建筑的四个侧面恰好对准东南西北四个方向。玫红色花岗岩砌成的棺室没有位于下部，而是居于金字塔中心位置，这在历史上是首次。东面的亡灵庙目前只剩下少量残余建筑。

整片金字塔群包括三座小型的王后金字塔，分别属于太后海特裴莉斯和两位王后美莉缇丝（Meritites）和海努特森（Henutsen），另外还有五个从岩石中凿出的水池用于停放供国王前往阴间使用的船只。其中一艘43米长的船只被重新组装起来，今天人们可以在金字塔附近的博物馆中一睹为快。国王的儿孙将自己的玛斯塔巴建在这片金字塔东面和西面不远处。被誉为现代埃及象征的吉萨区的斯芬克斯巨像和献给"地平线上的荷鲁斯"的附属神庙是否胡夫国王的杰作，还是由他的直系后裔所建，对此人们还不能确定。

关于胡夫几乎无史料可考。希罗多德称这位"暴君"强迫所有埃及人为自己工作，将整个国家推向了不幸的深渊，然而希罗多德之所以会做出消极评价，是因为他对埃及人对彼岸世界的信仰了解不足。事实上，对胡夫的亡灵祭祀及崇拜在百姓中经久不衰，一直持续到罗马人统治时期。这位国王在统治埃及长达23年，后于公元前2531年左右去世。

由于王储卡瓦布在父亲离世前不久就已去世，继承王位的便是其同父异母兄弟雷吉德夫（Djedefre，意为"拉神永垂不朽"）。他迎娶了卡瓦布的遗孀海特裴莉斯二世，娶她或许是雷吉德夫继承王位的要求。雷吉德夫在位期间（公元前2531—公元前2522年）完成了神学上的转向。早在第四王朝初期，太阳神拉便被置于众神之首，统领宗教生活。此时的王权就需要与新的神学要求相适应：雷吉德夫国王在统治者头衔中加入了"拉神之子"的概念，这样就结束了国王拥有五大王衔①的历史。

在建筑方面，雷吉德夫试图超越父亲的成就，他离开了吉萨，来到一座更高的山崖上，在阿布拉瓦须村（Abu Roasch）北以北7千米处建造了自己的金字塔，取名为"雷吉德夫的星空"。这座建筑在国王死后草草竣工，总体上未能达到完美。该金字塔如今只保留了部

① 所谓五大王衔，指的是古埃及国王固定的五个尊称，分别是荷鲁斯王衔（即名字中带有荷鲁斯神的名字）、两夫人王衔（指象征上下埃及的两女神鹫神奈赫贝特和眼镜蛇神瓦吉特）、金荷鲁斯王衔（象形文字是荷鲁斯站在黄金上）、树蜂衔（象征上下埃及统一）和本名（即国王的出生名）。

分残余，因为数百年来这里一直被用作采石场。巴黎的卢浮宫现藏有一尊用红色石英岩打造而成的工艺精美的国王头像残件，该头像具有高度的现实主义色彩，充分展现出了那个时代的艺术风格。

雷吉德夫国王去世后，其长子巴卡（Baka）曾掌权数年。根据壁刻证实，扎维耶特-阿利安（Zawiyetel-Aryan）未完成的金字塔是为他所建。巴卡的继任者是雷吉德夫的同父异母兄弟哈夫拉（Chafre，意为"拉神显现"），希腊人称其为希夫伦（Chephren）。他在紧邻父亲的金字塔的西南处修建了自己的墓葬群。虽然哈夫拉金字塔规模略小，但是由于其位于一片地势更高的平原，所以看上去要比胡夫金字塔略高一些。一条曾被遮蔽起来的 600 米长的甬道将亡灵庙与一座保存得极为完好的河谷神庙相连：这座神庙为 T 形结构，建筑材质为石灰岩，墙面铺有玫红色花岗岩，内有数根由一整块石料切割而成的石柱和雪花石膏铺就的地面。

神庙内曾有二十三尊用闪长岩制成的真人大小的统治者塑像。这种石料开采自下努比亚的托施卡（Toschka），这表明当时一直到尼罗河第二瀑布的区域已被埃及牢牢控制。其中一尊保存完好的雕像表现了国王端坐在一个装饰有狮头的王座上（现藏于开罗博物馆）。统治者强有力的身躯与王座高耸的靠背连在一起，荷鲁斯隼蹲坐在王座的靠背上，张开双翼护卫着国王的头颅。国王的面容散发出平静、坚忍的光芒。整个画面将具有神性的国王描绘成"尘世间活着的荷鲁斯"。

哈夫拉国王在统治埃及 26 年后于公元前 2489 年去世。哈夫拉的继任者是儿子孟卡拉（Menkaure，意为"拥有永恒生命力的拉神"），他的希腊化名字为米凯里诺斯（Mykerinos）。他是名为"米凯里诺斯神圣金字塔"的金字塔的建造者，该金字塔只有 70 米高。金字塔下部铺有开采自阿斯旺的珍贵的玫红色花岗岩，但最受今人关注的还是河谷神庙的装饰。人们在那里发现了精美的雕塑，如孟卡拉国王及其妻子卡蒙罗内比蒂（Chamerernebti）的雕像（现藏于美国波士顿博物馆），还有一些石板雕成的三人组雕像，描绘了孟卡拉国王与女神哈托尔及不同诺姆神①同在的场景（现藏于开罗博物馆）。

由于孟卡拉金字塔群规模总体上比前人所建的要小得多，这也表明国家已经逐渐开始衰落。孟卡拉在位约 28 年，公元前 2461 年去世，继承其王位的是儿子谢普塞

---

① 即城邦之神。这里将德语中的"Gau"译为"诺姆"，希腊语为"nomos"，埃及语为"sepat"，指埃及通行的行政区划。

斯卡弗（Schepseskaf，公元前 2461—公元前 2456 年）。他匆匆建完了父亲的金字塔。然而他并没有为自己建造金字塔，而是在先祖斯尼夫鲁位于萨卡拉南部的金字塔附近建造了一座巨大的玛斯塔巴。

由于谢普塞斯卡弗早逝，王位继承权混乱不清，最终导致王朝更替。

造成改朝换代局面的历史原因至今还不清楚。古埃及人以文学的方式探讨了这一问题，后来便有了一篇讲述第五王朝早期君主诞生的神话，神话的内容在几百年后被书写下来 [韦斯特卡纸草（Papyrus Westcar），现藏于柏林埃及博物馆]：根据神话，一位伟大的智者向胡夫国王预言，一位太阳神拉的祭司之妻将产下三胞胎，分别名为乌瑟卡夫（Userkaf）、萨胡拉（Sahura）和卡卡伊（Kakai），他们将依照神的意愿以国王的身份先后统治埃及，缔造一个属于自己的王朝。

5．第五王朝的太阳王们

成为新任国王的是乌瑟卡夫，他可能是孟卡拉的一个儿子。他开始推行积极的对外政策，武装入侵努比亚，并将贸易拓展至爱琴海诸岛。乌瑟卡夫将金字塔建在萨卡拉北部靠近左塞尔金字塔的地方，其外形更为朴素，无论是建筑材料的品质还是建筑高度都无法与前人的建筑相提并论。为了向太阳神拉表示崇敬之情，他在萨卡拉以北数千米的阿布西尔村附近建造了一座极为特殊的神庙，并将其命名为"拉的首都"，这样他便为宗教指明了新的发展方向。

举行祭祀的中心区域是一座露天祭坛。祭坛的特别之处是拥有一座巨大的方尖碑，其镀金的尖顶使得人们认为太阳会栖息于上方。每天早晨，太阳会将第一缕光芒洒向大地，并与国王产生联系。宇宙中的神明与国王构成了天地的和谐。此外，这座太阳神庙与国王的金字塔关系极为密切，它通过经济和宗教手段参与到对统治者的亡灵崇拜中。

乌瑟卡夫还在阿布西尔开辟了一处王陵。1957年，人们在太阳神庙中发现了做工极为精美的乌瑟卡夫巨像的头部（现藏于开罗博物馆），头像为杂砂岩制成，其艺术风格上与孟卡拉雕塑联系十分紧密。

紧随其后登上王位的是国王之子萨胡拉（意为"拉降临到我身边"），他于公元前2446—公元前2433年统治埃及。他在乌瑟卡夫太阳神庙附近的一座小山丘上建造了自己的金字塔。可惜的是，这片建筑群已遭毁灭；

其中的太阳神庙"拉的献祭场"如今已无迹可寻。他的商队从朱拜勒（Byblos）带回香柏木，从神秘的邦特之地（Punt）即非洲东海岸今天的索马里带回香料、乳香、象牙和猛兽的皮毛。同时人们还继续在阿布辛拜尔（Abu Simbel）附近开采闪长岩。

萨胡拉去世后，国内政局开始混乱，这使得接替萨胡拉的人不再是他的儿子，而是他的弟弟卡卡伊。卡卡伊的树蜂衔为内弗尔卡拉（Neferirkare，意为"身形俊美、生命力强的拉"）。他的执政时间为公元前 2433—公元前 2413 年。他的金字塔最初有 52 米高，是阿布西尔王陵中最高的建筑。可惜它后来倒塌了，如今仅存一座石丘。据说内弗尔卡拉国王的太阳神庙"拉神最喜爱之地"曾是最重要的一座神庙，可如今这处设施也已不见踪影。

人们在亡灵庙中发现了这座古老神庙文献的莎草纸残片，由此我们能够深入了解当时的宗教及国家管理状况。内弗尔卡拉在位期间埃及发生了重大变化：国家的最高管理机构开始由一个受过特殊教育的私人阶层掌管。

人们可以通过墓碑及传记来认识内弗尔卡拉手下的这批新兴官僚和祭司，从而深入理解法老及其随从之间的关系。例如宫廷官僚拉维尔（Rawer）曾无意中被国王的权杖触碰到，这是致命的接触。可是内弗尔卡拉却大声地祝他"幸福"，原本的疏忽就这样变成了特殊的宠幸。普塔神在孟菲斯的大祭司普塔谢普塞斯（Ptahschepses）称自己得到了极大的恩典，因为他被允许亲吻内弗尔卡拉的双脚而不是国王面前的土地。

宫廷中最重要的人物是瓦什普塔（Waschptah），他是维齐尔兼国王的首席建筑师。对于他的结局我们十分熟悉：有一天，内弗尔卡拉与众朝臣一同去参观瓦什普塔督造的太阳神庙工地。瓦什普塔向众人详细讲解工程的情况，统治者与随行人员对他的成就惊叹不已。突然，这位建筑师从建筑的高处跌落而殒命。他跌倒的原因可能是突发中风（流传下来的文献恰好没有提及这部分内容）。

陛下立刻命人将他扶起，并为他包扎治疗。众人回到宫中唤来御医，可瓦什普塔仍然不治身亡。维齐尔的突然离世使国王大为震惊，于是他命人将所发生的事记录下来。瓦什普塔的陵墓位于萨胡拉金字塔附近，国王为这座陵墓配备了丰富的陪葬。同样，"首席理发师"蒂（Ti）也在内弗尔卡拉在位期间飞黄腾达，他位于萨卡拉的玛斯塔巴式陵墓装饰得极为华丽，是每位游览埃及的游客必去的景点之一。

内弗尔卡拉去世后，首先接替他的是两位王子奈弗里弗拉①（Neferefre）和谢普塞斯卡拉（Schepseskare），但二人即位不久就离开了人世。王族内部爆发了内乱，直到内弗尔卡拉的第三子纽塞拉（Niuserre，意为"力量归于拉"）即位后，争端才得以平息。统治期间（公元前 2395—公元前 2364 年），纽塞拉继续建造前人未完成的金字塔，同时还在萨胡拉及父亲内弗尔卡拉的陵墓旁建造了自己的金字塔。

最为著名的便是他建在阿布西尔西北方向的太阳神庙"拉的游乐场"，该建筑于 19 世纪末被发现。这座神庙矗立在一处地势略高的地方，下方是一座被围墙环绕的小城。庙宇中心的开阔场地中有一座用方解石制成的庞大祭坛，并建有一座 36 米高的方尖碑。在一个 20 米高的底座的支撑下，神庙中的塔直入云霄，塔底座内部有一条名为"世界之屋"的蜿蜒阶梯直通方尖碑。那里有绘制得十分精美的浮雕，展示的是太阳神一年四季为人们带来的福祉，这些浮雕目前被保存在开罗、柏林和慕尼黑博物馆。庙宇庭院的东南角有一座赛德节用的祈祷室。里面的浮雕展示了国王在这里举办统治周年庆典的情形（现存于柏林埃及博物馆）。

纽塞拉国王的继任者是门卡霍尔（Menkauhor，意

---

① 又名兰尼弗雷夫（Raneferef）。

为"拥有永恒生命力的荷鲁斯"），此人的来历成谜。他执政九年，只留下了很少的历史文献，其中有一份发现于西奈半岛的纪念铭文。人们至今没能发现他建造的金字塔和太阳神庙"拉神的地平线"。

门卡霍尔死后登上王位的是杰德卡拉（Djedkare，意为"拥有持久生命力的拉"），他的出生名为阿索西（Asosi）。他的出身也是个谜，在他漫长的统治时期内（公元前 2355—公元前 2317 年），国家机构得到了改革，此次改革十分必要，这是因为各诺姆区的管理机构开始独断专权，不断削弱国王领导的中央政府权力。

税收显著减少，而少数神庙中祭司的薪俸及高级官吏的财产持续增加。国王试图控制这一危险的局面。为此他设立了"上埃及总督"一职，驻地在阿比多斯，该职务直属国王管辖。这样一来，中央政府的经济和政治影响就能成功地得到巩固。这一时期还发动了对朱拜勒、邦特和努比亚的远征，国内则暂时呈现出较为繁荣的景象。杰德卡拉放弃了阿布西尔的王陵，转而将金字塔建在了萨卡拉南部。他没有像自己的前辈一样建造太阳神庙，这必然有宗教方面的原因：虽然太阳神依然是众神中居于核心地位的强大神祇，但亡灵之国的统治者奥西里斯开始变得越来越重要。

杰德卡拉统治时期有一位维齐尔名叫普塔霍特普（Ptahhotep），此人创作的智慧集闻名遐迩。这部书籍是目前完整保存下来的历史最为悠久的古埃及教育学文献。

第五王朝的最后一位统治者是乌纳斯（Unas，公元前2317—公元前2297年在位），他与第五王朝先王的关系不明。在他的统治下，王国继续走向衰落。乌纳斯在萨卡拉建造了这一时期规模最小的帝王金字塔。不过他建造了一批出色的建筑，其中就有一条从河谷神庙通往金字塔的近700米长、加盖有顶棚并装饰有精美浮雕的长廊。

在他的墓室中首次出现了所谓的金字塔铭文，这是一种用来保护国王平安前往阴间的咒语。奥西里斯的死亡及复活观念得以体现：国王就像奥西里斯，通过死亡成功来到神祇的世界，而国王的儿子就像尘世的荷鲁斯，接过了父亲的统治权。这样就保证了国家的延续：国王已逝，国王永生。

下一个王朝还有四位国王和三位王后的墓室中也有这种专供统治者使用的铭文。

6. 国家倾覆：从安乐到灭亡

第六王朝的缔造者特提（Teti，公元前2297—公元前2287年在位）通过与国王乌纳斯之女伊普特（Iput）成婚而得以登上王位。特提这个名字和他儿子佩皮（Pepi）的名字一样都是昵称，此时都以一种欢乐的方式被纳入到了国王的头衔中。这一时期的史料极少：特提统治埃及十年后死于一次行刺，之后被埋葬在自己位于萨卡拉北部的金字塔中。

随后便是短暂的动乱期，在这段时期里，一个名叫乌瑟卡拉（Userkare）篡位者利用这一机会夺取权力，并执政两年，后来特提之子佩皮一世（公元前2285—公元前2235年在位）在上埃及尤其是阿比多斯的诺姆诸侯支持下夺回了王位。他本人不仅迎娶了阿比多斯诸侯的两个女儿，还任命她们的兄弟贾乌（Djau）为维齐尔。

为了改善凋敝的经济状况，人们开始将过去两年一次的牲畜数目普查改为每年进行一次。与周边国家和盛产乳香的邦特之地之间的贸易行为带有些许战争色彩，领导远征行动的卡埃姆赫塞特（Kaemheset）和英提（Inti）位于萨卡拉的陵墓中的历史文献内容表明了这一点。为了调查一起针对国王的后宫叛乱，佩皮任用了来自阿比多斯的廷臣乌尼（Uni），此人在自传中写道：

> 在国王的后宫内对王后瓦瑞亚姆太斯
> （Weretjamtes）进行了一次秘密审讯，陛下命我
> 单独前去进行审问。

等待乌尼的还有更多光荣的任务：他要担任一支军队的指挥官，前往西奈半岛和巴勒斯坦执行军事行动，攻打当地的贝都因人。他最终得胜归来，乌尼在自传中对这一系列战役的记录具有重要的史学意义。

一部分精美的佩皮一世塑像流传至今：1897年与1898年冬春之交，人们在希拉孔波利斯发现了一尊真人大小、工艺精湛的青铜塑像，这是为了庆祝佩皮一世在位时期的赛德节而制造的。塑像内部又有另一尊60厘米高的小雕像，但这并非如大多数人认为是佩皮一世的儿子，而是佩皮一世本人，其形象被刻画为孩童（现存于开罗博物馆）。两尊不同年龄阶段的国王塑像彼此结合，再现了生命的轮回，保证了国王的重生。另一尊由片岩制成的15厘米高的小雕像（现藏于纽约布鲁克林博物馆）展示了佩皮一世跪在一位神明的面前，这是展示国王谦卑姿态的最古老的造型艺术。

佩皮一世在第二十一个统治年头颁布的一项法令被保存在了一块纪念碑上（现藏柏林埃及博物馆），颁布这项法令的目的是要保护并永久维护斯尼夫鲁国王的两座金字塔。佩皮一世庞大的金字塔及其众王后的大型墓葬群占地面积共计 17000 平方米，位置在萨卡拉南部。除了国王本人高达 54 米的金字塔以外，该建筑群还拥有六座王后金字塔和一座王子墓，此外还有配套的庙宇、祈祷室和一条甬道。这座巨型建筑过去给人的印象极为震撼，因此建筑的名称"孟奈菲·佩皮"（Mennefer Pepi，意为"永垂不朽及完美无缺的佩皮"）也成了一座城市的名称，这座城市的希腊化名字便是我们熟悉的"孟菲斯"。

佩皮国王的继任者是他尚未成年的儿子奈姆蒂姆萨夫一世（Nemtiemsaf I），其树蜂衔为莫润尔（Merenre）。在其六年的统治时期里，诺姆诸侯象岛的霍尔胡夫（Horchufvon Elephantine）曾进行过三次深入南方的上努比亚地区的远征，目的是将那里盛产的热带香柏木和象牙带回埃及，霍尔胡夫在阿斯旺的陵墓中的铭文记载了此事。

奈姆蒂姆萨夫国王早逝，随后登上王位的是他同样尚未成年的同父异母弟弟佩皮二世（Pepi II，公元前

2229—公元前 2169 年在位）。据历史记载，佩皮二世统治埃及长达 90 年至 94 年，但这一数字很可能是混淆了"60"和"90"的结果，因为这两个数字在僧侣体中极为相似，很容易混淆。国王的母亲安赫奈斯佩皮二世（Anchenespepi II）及太后的兄弟贾乌代替小国王执政。国王年幼时，前文已提及的霍尔胡夫从第四次远征努比亚归来后带回来一名会跳舞的侏儒，一名俾格米人，并将这一消息报告给了国王。国王十分兴奋，并给霍尔胡夫写了一封信，这是古王国时期唯——封完整保存下来的国王书信：

> 速将这名你从精灵之国带回的活蹦乱跳的侏儒带来，让他为神明舞蹈，并取悦上下埃及的国王、永生的内弗卡拉（Neferkare，佩皮二世的树蜂衔）。比起从西奈和邦特之地获得的贡品，朕更想要看到这名侏儒！

这显然是一个孩子的书信，而非是一名所统治的国家正摇摇欲坠的国王撰写的正式文书。

在佩皮二世漫长的统治岁月里，埃及的衰落已无法挽回：与周边民族的贸易关系逐渐停滞，一支被派往黎巴嫩的埃及远征军遭遇毁灭性的惨败。内政方面，中央政府无力对抗愈加骄横的诺姆诸侯。甚至连官僚也开始脱离宫廷。最后，管理机构完全瘫痪，再也无法保证向国家提供满足日常所需的食品和商品。埃及的百姓再也无法获得安乐和保障。

可即便如此，佩皮依然在萨卡拉南部修建了一座名为"佩皮的生命绵延不绝"的金字塔。这可能是古王国最后的金字塔。高龄的国王去世后，其子奈姆蒂姆萨夫二世（Nemtiemsaf II）又统治了埃及一年，随后由女王尼托克丽丝（Nitokris）统治了两年。随着尼托克丽丝死去，第六王朝的王室灭亡，国家陷入了混乱，造型艺术和手工业随之停滞。诺姆诸侯之间的军事混战带来了新的苦难，一群群匪徒从昔日王国的边境入侵烧杀抢掠。埃及作为国家已不复存在，各派系占山为王，各行其是。

我们将这一时期命名为第一中间期或第一次大动乱，包括第七至第十一王朝。这一时期的众多国王有时会同时执政，他们没有对整个埃及的统治权，如果非说有权力的话，那也只是拥有地区影响力。

7. 文学上的回应

这段悲惨时期的文学得到了蓬勃发展，后人可以从文学的镜像中看到当时埃及的灾难程度有多么严重。《易仆术的忠告》（*Mahnworte des Ipuwer*，手稿现藏于莱顿博物馆）用极具煽动性的图画描绘了这个邪恶的世界。人际和社会关系不复存在，邻人之爱也成为应受诅咒的弱点。这篇文本的核心内容是对造物之神的控诉，他将世界和人类创造得如此不完美甚至是如此罪恶，但他从不做些什么来改变这一现状。"难道他睡着了？"易仆术拷问道。

另一篇被今人命名为《一个厌世者与其灵魂的对话》（纸草手稿现存于柏林）的作品则描绘了当时的混乱景象，即社会中普遍存在的冷漠和绝望情绪，只有结束尘世生活才能为厌世者带来解脱和对更好世界的期盼："如今，死亡站在我的面前，仿佛久病之人康复，仿佛苦难过后走向自由的旷野。如今，死亡站在我的面前，如同没药散发出芬芳，如同在起风的日子里坐在鼓起的船帆之下。"

叙事作品《能言善辩的农夫》关注的是正义和真理："世界的准绳是正义的行为。"这则故事发生在第九或第十王朝（约为公元前2120—公元前2020年）一位赫拉克来俄波利斯（Herakleopolis）的地方统治者在位时期。一位居住在绿洲的农夫带着货物进城，却在半路遭遇了抢劫。他用有力的话语进行控诉，使得自己的控告被记录了下来，并传入国王耳中。国王很欣赏农民出色的语言能力，于是这位绿洲中的农夫不仅拿回了自己财物，还获得了抢劫自己的那个官员的所有财产。

这一时期还诞生了《致国王梅利卡拉的教诲》。这部作品虚构了已去世的国王赫提（Cheti）留给儿子梅利卡拉（Merikare）的话。作品重新讲述了与王权有关的思想和准则，这些内容无法为古王国时期的人所理解。此时的王权肩负重任，要保护国家和人民免受苦难："神明为他们创造了天生的君王，那就是当权的统治者，从而坚实弱者的脊梁。神创造魔法以充当他们的武器，进而日夜守护着他们，使他们远离苦难的打击。"神明隐藏在世人面前；通过惩恶扬善，秘密地对世界施加影响，因为"神认识所有人的名字"。

三

中王国时期

1. 国家的新生与复苏

第一中间期①末期，埃及国内形成了两大权力中心，它们分别是北方的赫拉克来俄波利斯和南方的底比斯。公元前 2020 年前后，树蜂衔为尼布赫帕特拉（Nebhepetre）的底比斯第十一王朝国王孟图霍特普一世[Montuhotep I，意为"仁慈的莫神（Month）"]成功地壮大了自己的势力，并将有众多第十王朝小政权割据的北部王国并入了自己的权力范围。之后他将自己的荷鲁斯名改为塞玛塔伊（Semataui，意为"统一两地之人"）。

---

① 指古王国时期和中王国时期之间约百年的动荡历史时期。

在完成统一大业之前，孟图霍特普一世进行了两次恶战。1923 年人们在考古发掘过程中发现了一座埋葬有 60 名底比斯军人的大墓，他们都是阵亡的将士。埃及历史由此迎来了一个崭新的阶段。

孟图霍特普的都城在底比斯，幸运的是，这位君主还继续统治了数十年，从而能够巩固自己建立起来的国家并进行重组。他将国内最优秀的专业管理人员和艺术家召集到宫廷，很快艺术和手工业便重获新生，开花结果。

虽然国王的彩绘砂岩塑像（现存于开罗博物馆和纽约大都会博物馆）在艺术上远不及第四和第五王朝的国王像，但这一时期的浮雕艺术具有很高的水平，被保存下来的图像艺术技巧十分高超，具有一种冷峻的美感。

为了强化中央政府的权力，各地的自主权受到了限制。国王还设立了一个新官职"下埃及总督"。任职者可以按照国王的指示直接干预北方各地事务，并推行中央政府的政策。国王同样十分重视对外政策，他在努比亚和尼罗河东部三角洲抗击在过去数年来因埃及国势衰微而从中渔利的外来部落。商船则再次驶往黎巴嫩，为埃及带来香柏木和其他商品。

底比斯第十一王朝的统治者历来都将自己的石窟墓

穴建在塔里夫（El-Tarif），但孟图霍特普放弃了这片墓葬区，转而在代尔拜赫里（Deir el-Bahari）的山谷中为自己建造了一座新式的大型陵墓。一座上埃及风格的石窟墓穴和一座古王国风格的金字塔，这两种建筑元素构成了这片庞大的建筑群。

在代尔拜赫里劈开的岩壁前耸立着一座带有柱廊和柱厅的阶梯状三层建筑，国王的墓室深藏于山体底部。第二层阶梯上排列着六个供王室直系成员使用的墓穴，而阶梯的西端深深地嵌入了山体内部。整个建筑群的名称为"宛如神境的尼布赫帕特拉的居所"。王陵附近还建有显贵人士的石窟墓穴。

而在宗教领域则产生了重大的变革。曾属于王室特权的金字塔铭文咒语被编辑和修改。由于咒语经历了所谓的"民主化进程"，此时任何人都可以使用金字塔铭文，并且咒语会被直接写在棺椁上。

因此，与这一时期的宗教现状相适应的新型文体在现今被命名为"棺椁文"。底比斯当地的神明——战争之神莫（Month，意为"狂暴者"）开始拥有了跨区域的影响力。但主神却成了阿蒙，古王国时期阿蒙曾在短时期内在众神中占据一定的地位。凭借新创立的阿蒙崇拜，底比斯一跃成为宗教中心，而在这之前只有赫里奥波里斯和孟菲斯有这样的地位。

孟图霍特普国王统治埃及长达五十一年，他去世时给儿子留下了一个坚如磐石的国家。不过这位继承了早期美尼斯国王衣钵、重新建立起埃及王国的君主依然活在人们的记忆中。

孟图霍特普二世（Montuhotep II，公元前 1995—公元前 1983 年在位）即位时已经上了年纪。他继续推行父亲的政策。由于孟图霍特普二世在位时间过短，许多计划好的建筑还没能开工。他在底比斯附近的托特山上的一座古代庙宇旁修建了一座用于赛德节庆典的宫殿。他的亡灵庙位于其父的亡灵庙南边，可惜未能完成。

在第八个统治年头，孟图霍特普二世向瓦迪·哈马马特（Wadi Hammamat）派遣了一支远征部队，以寻找适合制作雕像的石材。远征军的头领是高级行政官赫内努（Henenu），他曾服务于孟图霍特普一世。我们从一份发现于瓦迪·哈马马特的铭文得知，这一地区很不太平，赫内努当时率领 3000 名士兵来到此地。

国王的宫廷总管兼宰相是麦克特瑞（Meketre）。他的石窟墓穴恰好位于国王原定的亡灵庙附近，里面塞满了彩绘的木制模型，这些模型是为了这名位高权重的墓主人在彼岸世界的生活所造，它们展现的主题与过去用来装饰墓室墙壁的浮雕类似。这些形态各异的雕刻品栩栩如生，其逼真的外形极富吸引力（现藏于开罗博物馆）。

孟图霍特普二世的继任者是孟图霍特普三世。他的名字没有被记录到帝王世系表中，其出身也是一个谜团。在他七年的执政生涯里，进行了多次远征，留下了许多与此相关的铭文。最为著名的是一次远征瓦迪·哈马马特的行动，当时由担任指挥官的维齐尔阿蒙涅姆赫特（Amenemhat）率领 10000 名士兵，目的是要为国王的棺椁寻找材料。这位维齐尔就是在国王死后建立了第十二王朝的阿蒙涅姆赫特国王，他为这片土地开启了黄金时代。

2．伊特塔威的王都

我们现在无法确定第十一王朝是如何过渡到第十二王朝的。很可能维齐尔阿蒙涅姆赫特（意为阿蒙神是主宰）起初与孟图霍特普三世一同执政，在国王死后便开始独自进行统治（公元前 1976—公元前 1947 年在位）。他选择的荷鲁斯名为乌赫姆梅苏特（Uhemmesut），意为"再创世者"，这表明国王宣告新时代即将来临。

这个新时代成为现实，以"古典时代"之名被载入史册。这一时期的语言（即中古埃及语）在宗教领域占有支配性地位，直到法老时代结束，共计两千年的神学文献都是用中古埃及语写成。王国被重新定义：此时的统治者通过神子观念，对玛亚特的实现以及自己个人的成就来取得合法的统治地位。人们只在形式上继承古王国时代的传统。

阿蒙涅姆赫特放弃了首都底比斯，转而在孟菲斯南部 60 千米，即今天的利什特村（El–Lischt）附近建造了名为"阿蒙涅姆赫特–伊特塔威"（Amenemhat Itj-taui）的新都城，意为"占领了两地的阿蒙涅姆赫特"。通过此次重大行动，国王将权力中心转移到上下埃及的交界处。

阿蒙涅姆赫特在新王都附近建造了名为"阿蒙涅姆赫特耀眼的居所"的金字塔，这表明他具有高度的自信。金字塔所用的建筑材料不止有石料，主要还有黏土砖，因此这座建筑的外表显得较为朴素，不过这一趋势也说明人们将古王国的黄金时代作为榜样。在对外征战方面，阿蒙涅姆赫特一世成功抵御了从尼罗河三角洲东部入侵埃及的亚洲部落，解除了埃及长期以来面对的威胁。

为了"永固"边境，国王搭建起了"诸侯城墙"，不仅包括一道护卫城墙，同时还拥有一个边防塔系统，塔内驻扎着士兵。同时国王还入侵位于埃及南部物产丰富的努比亚，因为此时的努比亚已经从埃及独立出去，但国王没能完全控制住这位邻居。在统治埃及的最后九年里，国王与长子塞索斯特利斯（Sesostris）共同执政。

当塞索斯特利斯正在为纪念父亲执政三十年的赛德节王室庆典做准备，从而前去攻打利比亚部落以掠夺节日所需的财物时，阿蒙涅姆赫特却在王都伊特塔威遭到谋杀。由于此次谋杀发生在这位年老统治者的重生庆典前夕，且与国王共同执政的王子不在宫中，因此国王的另一个儿子可能会被推上王位。塞索斯特利斯急忙赶回了王都，迅速采取措施保住了自己的王位。

3. 塞索斯特利斯一世与稳固的内政

公元前 1956 至公元前 1911 年统治这片土地的塞索斯特利斯一世（意为"最强大女神之夫君"）是第十二王朝最重要的统治者。塞索斯特利斯一世在位期间，埃及的内政趋于稳固，并出现了前所未有的繁荣局面。人们在超过 35 处地点发现了国王的建筑杰作，其中就有保存完整的卡尔纳克"白堂"，它是建筑及浮雕艺术中一颗璀璨的宝石。

白堂这座驿堂完全用石灰岩打造而成，在拜神游行时用于充当阿蒙神像的休息场所。如今在赫里奥波里斯还竖立着两座玫瑰色花岗岩制成的方尖碑的其中一座，那是国王为了举行登基庆典而建造。塞索斯特利斯在位于父亲的金字塔南部两千米处建造了自己的金字塔，命名为"塞索斯特利斯望向两地"。过去曾有超过真人大小的国王精美坐像环绕在亡灵庙开阔的内廷四周，雕像以彩绘石灰岩制成。保存下来的其中十尊塑像的风格令人回想起古王国时代，这些塑像现存于开罗的埃及博物馆内。前往西奈和努比亚的远征军再次带回了铜、黄金和珍贵的宝石，这些战利品随后被加工成了艺术品。

对外政策方面，塞索斯特利斯尤为重视南部边境的稳固，并致力于吞并努比亚。因此他在象岛任命了一位新诺姆诸侯，其名为萨恩普特（Sarenput），他是国王的亲信。此时的诺姆诸侯与古王国时期不同，他们忠于国王，服务于整个国家。萨恩普特位于阿斯旺附近的石窟墓穴及其中精美的浮雕是当地的名胜。

在塞索斯特利斯统治埃及的第十八年，一支庞大的埃及军队在将军孟图霍特普的率领下进攻下努比亚并将其占领，而对待百姓他则大发慈悲，一篇当时流传下来的铭文对此有所记载。为了稳固攻占的领地，也为了阻止今后可能会遭遇的袭击，国王在距尼罗河第二瀑布不远的布亨（Buhen）建起了一座巨大的堡垒。城堡的围墙宽5米、高9米，上有射击孔，这表明埃及当时的筑城技术十分发达。

塞索斯特利斯一世是建筑和造型艺术的支持者，并且当时的宫廷文学艺术也尤为繁荣。发源于当时宫廷的文学数个世纪以来都是书记官和学校学习的榜样和准绳。

一位杰出的叙事作家写下了《辛奴亥的故事》，这是一部具有成长小说性质的作品。故事发生在阿蒙涅姆赫特一世统治埃及的第三十年，这一年他被人暗杀。管理后宫的高级官吏辛奴亥（Sinuhe）坚信自己卷入一场后宫阴谋的漩涡中，并且国王遇刺与自己脱不了干系，于是他经历千难万险逃往西亚。他在那里认识了一位君主，这位君主照顾了他，并帮助他在异国他乡成就一番丰功伟绩，最后辛奴亥也有了自己的土地和人民。然而他在异乡滞留越久，他内心就愈加思念自己的故乡。

多年后，一封塞索斯特利斯一世的"王书"要求他返回埃及负责料理国王未来的葬礼仪式。辛奴亥返回了宫中，得到了国王的隆重接见，并被仁慈的君王重新接纳，跻身于国中位高权重者之列。这则故事修辞讲究、结构精巧，向塞索斯特利斯一世表现了崇高的敬意，并向读者展示了国王书信的写法，以及法老宫廷的朝觐如何进行。辛奴亥的故事成了古埃及文学中的经典，此外，众多学生手稿的抄本证实，辛奴亥的故事在学校中曾作为课文被反复讲授。

另一位宫廷诗人名叫奈菲尔提（Neferti），他采用了另一种文体形式来向王室表达敬意。奈菲尔提的故事发生在600年前的斯尼夫鲁国王统治时期：作者本人以智者形象出现，他被召唤到国王面前向世人预言国家的未来，而斯尼夫鲁国王亲自拿起了纸笔记下了这些预言。

奈菲尔提用动人的语句描绘了即将降临到埃及的饥馑与苦难。此外，作者还以一种别样的方式借用了第一中间期的诗歌元素："人们将用金属制作武器，用鲜血换来面包。面对疾病，人们会放声大笑，而面临死亡，他们也不会恸哭……一人杀死另一人时，所有人却端坐一旁，眼望别处。我让你看看，儿子成了仇敌，兄弟彼此倾轧，还有人谋杀亲父。"

不过奈菲尔提也宣告，终有一天会有一位救世主降临到这片饱受苦难的土地，其名曰阿蒙尼（即阿蒙涅姆哈特一世）。"公正将归于其位，不义则被弃之不顾。看到这一天的人，还有将服侍此王的人，他们将喜笑颜开！"奈菲尔提在故事的结尾希望自己能够留在后代的记忆中。

他的这个愿望实现了：直到几百年后，他的"预言"还在被反复誊抄，而他本人也被尊为伟大的智者。

塞索斯特利斯一世委托当时最重要的诗人赫提以自己遇刺身亡的父亲阿蒙涅姆赫特一世的口吻撰写一部智慧书。赫提是一位杰出的宫廷诗人，他曾为自己的儿子佩皮创作过一部教谕，还因一首尼罗河赞歌而为我们所熟知。赫提的这部新作品采用的形式是已故国王的政治遗嘱，里面包含了写给即位者的指导。已下到冥府的好国王阿蒙涅姆哈特以动人的语言亲口叙述了自己被谋杀的情形，这样描写所能达到的效果是读者会将把谋杀国王视为极其可耻的罪行。

塞索斯特利斯一世时期的文学繁荣的另一个例证是"拉美西姆戏剧莎草纸"，这是一部在统治者登基周年庆典上演出的宗教剧台本。史料证实，第十一王朝之后在阿比多斯出现了神秘剧，戏剧的主要情节是奥西里斯的死亡与复活。

可以肯定的是，赫提与塞索斯特利斯一世宫中的其他诗人所创作过的文学作品大大超过我们现今所掌握的数量。能够流传到我们手中的作品，都是偶然被发现。

4．贸易与交流的拓展

塞索斯特利斯去世后，登上王位的是与他共同执政的儿子阿蒙涅姆赫特二世（公元前 1914—公元前 1879/1876 年在位）。他所关注的是继续扩大埃及的政治优势地位，并推进与已知外部世界的交往与贸易。阿蒙涅姆赫特二世在即位的第一年就表达了自己的扩张意愿，向周边国家派出了大批远征军。一支军团在叙利亚击破了两座城邦，大批亚洲俘虏被带回埃及充当国内迫切需要的劳动力。君主举行了一场盛大的仪式来向战胜的埃及军人表达敬意并慷慨地赏赐他们。埃及人还航行至邦特之地，以便从非洲内陆运回乳香等昂贵而少有的货物。

人们不断从西奈和黎巴嫩大量运回木材、铜矿和宝石，从努比亚和亚洲运回黄金、白银和珍稀动物，这些货物都被源源不断地送往埃及宫廷。蓬勃的贸易使得埃及与爱琴海各岛屿，尤其是克里特岛（Kreta）以及小亚细亚多个城邦国家能够定期往来。与全然不同的文化类型的接触刺激了尼罗河流域艺术的发展。此时的埃及人从克里特岛引入了陶罐，而埃及艺术家们还借用了螺旋形和网格状图案作为固定装饰。

阿蒙涅姆赫特二世在当时已有 600 年历史的斯尼夫

鲁国王的两处金字塔附近建造了自己的金字塔建筑群，但可惜这处金字塔已被完全损毁。金字塔名为"阿蒙涅姆赫特受到悉心照管"。

环绕着亡灵神庙和金字塔的是一堵高大的墙。在那里拥有自己最后的安息之所的除了国王本人还有王室的其他成员。人们在伊塔（Ita）和赫奈美特（Chnemet）两位公主的墓葬中发现了木棺、用于盛放内脏的礼葬瓮和装有油膏的容器，其中最为珍贵的是两位公主的首饰，这些文物如今已成为开罗博物馆供人瞻仰的馆藏。阿蒙涅姆赫特二世去世前不久便让儿子塞索斯特利斯与自己一同执政。

5．开发法尤姆

早在塞索斯特利斯一世在位时，第十二王朝的统治者们就已经认识到法尤姆地区有多么高的农业利用价值。他们十分关心这片巴尔·优素福（Bahr Jusuf，即优素福河）哺育的绿洲，并自始至终地向这一地区的主神——鳄鱼形象的索贝克（Sobek）表达着崇高的敬意。

绿洲的中心戈伦湖当时的面积比现在大得多。整片地区充满了泥泞的沼泽，在此地开始进行农业生产前必须先将沼泽排干。

塞索斯特利斯二世（公元前 1882—公元前 1872 年在位）接过父亲阿蒙涅姆赫特二世的权杖之后开始开发法尤姆地区。为了排干这片地区的土地，同时对土地进行有效灌溉，国王下令修建大坝和水渠。塞索斯特利斯二世做的最重要的一件事便是拦截了戈伦湖，此外，还在法尤姆的入口处建起了一座大坝，用于在水位下降时阻截水流，并由闸门来控制水流。水渠系统的设计使得水流可以反复将因农耕产生的盐分冲刷干净，这样就可以避免土地因受到集中开发而盐渍化。

国王的金字塔所在地也表明了他与自己的丰功伟绩之间的紧密联系，该金字塔被建在拉罕村（El–Lahun）附近的一座高地之上。正是在这个位置，巴尔·优素福河穿过了一座山脊，流入法尤姆。这座金字塔的创新之处在于入口不是位于北面，而是隐藏在南面一座公主墓的地下 16 米处。穿过一座由墓室、走廊和甬道组成的迷宫才能来到棺室。

进行这种建筑革新的目的不仅是为了抵御盗墓贼，还因为这象征了信仰的变化：已故国王的目标不再是升入天堂，而是要在地底的冥府中享受死后的生活。在这样的金字塔中，蜿蜒曲折的小道指引着通往奥西里斯之国和重生之路。国王的家庭成员也被埋葬于金字塔区。人们在公主萨特–哈托尔–尤奈特（Sat–Hathor–Iunet）墓中发现了精美的宝石和一顶公主所有的珍贵王冠，王冠用黄金、玛瑙和青金石制成（现存于开罗博物馆）。

塞索斯特利斯二世在金字塔以北两千米处建造了一座城，此城曾一度容纳了五千人居住，城中还有一座王宫。这座统一规划的聚居区内的居民一般是宫廷官僚和祭司，但也有许多手工业者和建造金字塔的工人，这些人后来还参加了君主的祭礼。这座城市是经受住了时代的考验，遗留下来的古埃及最古老的城市聚落。它的名字叫作"塞索斯特利斯心满意足"。

此时埃及的科技和文学达到了很高的水准。很幸运的是，人们发现了一些这个时代的莎草纸残片，如今分别被保存在开罗、伦敦和柏林的多个博物馆内。残片向我们传达了许多关于当时经济生活的信息，还记录下了有关助产、兽医及其他科技领域的内容。

目前关于国王塞索斯特利斯二世时期的战争或军事行动的记载不详，文献提到了多次抱有采石目的的远征行动。在努比亚，人们在尼罗河第二瀑布的高处扩建了米尔吉萨（Mirgissa）城堡，该城堡早在阿蒙涅姆赫特二世时期就已开始动工，它主要充当从南方过来商品的贸易中转站。

6. 造型艺术的高峰：塞索斯特利斯三世和
阿蒙涅姆赫特三世时代

塞索斯特利斯二世去世这年，其子曾与其共同执政数月。父亲死后，王子登上了法老之位，号为塞索斯特利斯三世（公元前1872—公元前1853/1852年在位）。在他的统治之下，埃及在内政和外交方面都获得了新的进展。在国内，塞索斯特利斯三世以强有力的手段废除了各地的诸侯制度，以训练有素的官僚取而代之，他以首都伊特塔威为中心管理各地。

在对国家进行重组的过程中，国王得到了群众的广泛支持，因为这样一来，领导层便会直接从民众中产生。我们并不清楚国王是以何种方式削弱那些强大而专制的世袭诸侯的，一直以来他们都以小邦君主的身份自居。没有暴力绝无可能完成变革，不过国王想必知道要怎样避免较为激烈的骚乱。因此一首颂歌曾这样赞扬他："那不费一击便杀死一群射手之人，那无须张开弓弦便射出利箭之人……"

国王塞索斯特利斯三世将对外政策的重心转向了

努比亚：这片富含矿藏的土地应当归顺埃及。为了能更快地介入努比亚地区事务，塞索斯特利斯三世在象岛南部的塞赫尔岛（Sehel）附近挖掘出了一条长 78 米、宽 10.4 米、深 7.8 米的水道。这样一来，前往南部的船只便可以更便捷地越过河流形成的重重阻碍。国王还在第二瀑布旁的塞姆那（Semna）附近立起了一块界碑（现藏于柏林埃及博物馆），上面写着："南部边界，立于上下埃及国王陛下塞索斯特利斯三世在位第 8 年……以防止任何努比亚人向北经水路或陆路跨越此界。"

国王在位第 16 年时又发动了一次战争，战争结束后又竖立了第二块界碑。国王将这块界碑上的碑文抄写在了尼罗河附近的乌洛纳尔提岛（Uronarti）上的一块石碑上（现藏于喀土穆苏丹国家博物馆）："严格遵守陛下设立的这一边界的子民都是陛下之子，皆由陛下所生。"为了完全占领下努比亚，国王还建造了多座堡垒，并设立了常备守卫。到了在位的第 19 年，国王再一次入侵了努比亚。这一次他将对手赶到了尼罗河第二处急流的另一边。

国王并没有因为对外活动而忽视内政。流入埃及的财富首先被用于供奉众神。国库大臣艾克诺夫利特（Ichernofret）的墓碑上有记载称国王派遣他前往阿比多斯，将那里最受崇拜的奥西里斯神像重新用黄金打造一遍，因为他（指神明）命人从屈服于埃及权势之下的努比亚将这些黄金带回给陛下。

艾克诺夫利特还作为主角参与了用于祭祀活动的宗教剧，再现奥西里斯神死亡、埋葬和复活的场景，每年会有数千名朝圣者来到阿比多斯观看此剧。

此时的雕刻艺术达到了全新的高峰，其风格可谓独一无二。目睹过塞索斯特利斯三世头像的人想必都会对此难以忘怀，人们能够清楚地认出这名统治者的外貌特征，绝不会与他人混淆。这是埃及艺术史上首次将传统的帝王像与明显的个人特征相结合，即便塑像残缺不全，个人的特征也能够充分凸显。尤为吸引人注意的是被厚重的上眼皮半遮盖住的双眼，还有那对眼袋，虽然使国王看上去充满自信且庄严肃穆，但却让他显得有些悲观。国王那紧闭的、微微向下耷拉的双唇也强化了这样的印象。

在私人塑像方面，方块坐像（Würfelhocker/Blockstatue）经历了特殊的繁荣时期。方块坐像表现了死者从坟墓中走向新生的状态。方块坐像将人描绘成立方体，全身只有头部按照真人塑造，四肢则采用了浮雕的技法，这类雕塑产生于第十二王朝初期，此后便得到广泛应用。

塞索斯特利斯三世将自己的金字塔群建在祖父阿蒙涅姆赫特二世的金字塔北部的代赫舒尔。由于建造金字塔的材料只有黏土砖，因此这座建筑如今已经完全垮塌。但国王的功绩永远留在了人们的记忆中。塞索斯特利斯三世在民众的想象中变成了伟大的神话人物，希罗多德、狄奥多罗斯（Diodor）和普林尼（Plinius）都曾记载过他的事迹。

中王国最后一位强有力的国王是阿蒙涅姆赫特三世（公元前1853年—公元前1806年/1805年在位），其树蜂衔为尼玛亚特拉（意为"属玛亚特的拉"）。目前尚不清楚塞索斯特利斯三世是否在死前让自己的儿子兼继承人同自己共同执政过一段时间。祖父塞索斯特利斯二世开始开发法尤姆的壮举由阿蒙涅姆赫特三世完成，这项丰功伟绩在当地永垂青史，国王也因此被视为当地的守护神，直至古希腊罗马时期。曾有两座头戴王冠的巨型国王雕像屹立在一座人工岛上，越过水面遥望着这片垦殖后的土地。这两座雕像如今已是无影无踪，但人们依然能在比亚赫姆村附近看到它们的巨大的基座。

国王起先在代赫舒尔附近建造了一座名为"强大的阿蒙涅姆赫特"的金字塔。但是由于人们选择的倾斜角度过陡，这座用黏土砖建成的金字塔不稳固，因此只能弃置不用。1900 年，人们在这座建筑的废墟中发现了一块用黑灰色花岗岩打造而成的华丽的尖顶，这就是顶角锥石（Pyramidion，现藏于开罗博物馆）。后来国王将法尤姆定为兴建金字塔的新址，其遗迹紧邻今天的哈瓦拉村（Hawara）。

坐落于金字塔南面那座巨大的亡灵庙占地面积达 28000 平方米，里面厅堂柱廊一应俱全。这里便是希罗多德生动地描写过的著名迷宫（《历史》第二卷第一百四十八节）。

在雕塑领域，人们舍弃了那些统治者极端个性化的特征，从而为君王塑像寻找到了一种全新的、自有的风格：为了表现持久永恒之物，一切偶然性都被抽离出去，从而创造出一种不受约束的理想中的统治者像，并以其精湛的技巧在埃及艺术史上独树一帜。

阿蒙涅姆赫特三世去世前一年，与国王同名的王子开始与父亲共同执政。在阿蒙涅姆赫特四世短暂的执政期内（公元前 1807/1806—公元前 1798/1797 年），王室迅速衰败。虽然阿蒙涅姆赫特四世也发动了四次远征从西奈运回建筑所需要的石料，但他在建筑领域的作为十分有限。

他在法尤姆地区的麦迪奈特·马迪（Medinet Maadi）完成了父亲在位时就已经开始建造的献给索贝克以及食物女神列涅努忒特（Renenutet）的神庙。可是人们至今仍没有找到属于他的墓葬或金字塔。

埃及对外贸易规模明显萎缩，最后只与黎巴嫩保持着往来。阿蒙涅姆赫特四世死后，他的妹妹及妻子索贝克·涅弗鲁（Neferusobek，公元前 1798/1797—公元前 1794/1793 年在位）接过了权杖。在她的统治下，第十二王朝的光辉岁月终结了。

7. 国家衰落与异族统治："希克索斯人"的压迫

伴随着第十三王朝（公元前 1794/1793—公元前 1648/1645 年）的开始，喧嚣的时代来临了。以索贝克霍特普（Sobekhotep）、阿蒙涅姆赫特、塞索斯特利斯、孟图霍特普、安特夫（Antef）为名的国王纷纷涌现，又匆匆退场，使得今天的我们无法确定他们统治埃及的先后顺序。不过伊特塔威仍然继续充当该王朝的首都。埃及与努比亚之间的边界逐渐后退，最终回到了中王国初期的状态，象岛再次成为埃及南部的边境。阿蒙涅姆赫特一世曾在北方建立的"诸侯城墙"再也无法保卫埃及免遭外来入侵。

原本从亚洲来的不速之客逐渐脱离了中央政府的统治，建立了多个小型王国，这些国家存在于第十四王朝时期（公元前 1648/1645 年）。来自东方的入侵现象尤为严重：祭司曼内托曾在自己的埃及史著作中提到，有一批来历不明之人突然从东边侵入，占领了埃及。这些异族国王的统治构成了第十五王朝（公元前 1648/1645—公元前 1539/1536 年），并因一位亚洲首领的称号而被称为"赫卡-哈苏特"（Hekau–chasut），希腊语作"希克索斯人"（意为"异邦的统治者"）。

希克索斯人不仅指入侵的民族，还被用来指称一小批上层人士。希克索斯人的来历以及他们在埃及掌权的方式不明，但通过他们的名字我们可以猜测，他们可能是闪米特人的后裔。这些名字包括萨里梯斯（Salitis）、布农（Beon）、阿帕克南（Pachnan）、基安（Chajan）、阿波菲斯（Apophis）和卡穆迪（Chalmudi）。希克索斯人控制了整个埃及，同时还管理着努比亚。他们选择了位于尼罗河三角洲东部的阿瓦里斯（Auaris）作为统治中心，主神则是残暴的赛特神。

希克索斯人以"分而治之"为座右铭，允许藩王的存在，使其充当自己的附庸，这些藩国构成了第十六王朝和十七王朝，时间上与希克索斯众王并立。在异族统治期间，马匹和战车被引入埃及。

第十七王朝的底比斯本土藩王在尚未拥有配备了这种新型武器的大规模部队的情况下便发动叛乱，将自己从人身附庸中解放出来，摆脱他仇恨的希克索斯人的霸权。出生名为塔阿 [Taa，此为"杰胡提阿"（Djehutiaa）一名的缩写，意为"托特伟大"] 的塞格嫩拉（Sekenenre）国王发动了这样的战争，之后他在战争中阵亡。

现藏于开罗博物馆的塞格嫩拉木乃伊有明显严重的头部损伤，这或许是当他立于战车之上时被一柄斧头数次击打而留下的伤口。塞格嫩拉的继承者是他的儿子卡摩斯（Kamose，公元前 1545—公元前 1540 年在位），他精力旺盛，继续与希克索斯人作战。

一次考古过程中的机缘巧合使我们得以了解此次战争的后续发展，英国考古学家霍华德·卡特（Howard Carter，1874—1939）在底比斯西部的德拉·阿布-纳迦（Dra Abu el–Naga）一处墓葬的废墟中发现了两块涂抹有石膏的写字板，它们显然曾归一名学习书写的学生所有。

为了练习书写，学生在其中一块写字板的正面写上了普塔霍特普的智慧集开头，还画上了一种棋类游戏的棋盘，或许他是想和另一名学生对弈，接着他又在石板的背面抄写了卡摩斯石柱上的铭文。这篇文字对我们了解这段历史很重要。

将近 50 年后，埃及考古学家拉比伯·哈巴赤（Labib Habachi，1906—1984）又在卡尔纳克阿蒙神庙中的一座拉美西斯二世（Ramses II）的巨型塑像下发现了一根卡摩斯石柱（现存于卢克索博物馆），这根石柱上记载了后续的碑文。由此人们能够了解到后续的史实：在三角洲的阿瓦里斯，年事已高的希克索斯国王阿波菲斯端坐于王位上，他的势力范围远及埃及中部，而实际上努比亚则被控制在一位土生土长的努比亚诸侯手中。

被两大劲敌包围的卡摩斯不顾大臣们的反对，执意开战，因为有人从希克索斯国王那里得到消息，称他要求努比亚人进攻底比斯。卡摩斯并未前往南方，而是乘船顺流而下，驶向阿瓦里斯，袭击了此城，满载战利品凯旋。只可惜卡摩斯未能亲眼见到希克索斯时代的终结，因为他即位没多久便死去了。最终的解放任务留给了他的继承者——弟弟雅赫摩斯（Ahmose），那位第十八王朝的缔造者。

新王国时期：荣耀的第十八王朝

1. 解放者雅赫摩斯

雅赫摩斯国王（意为"月亮诞生"）是第十七王朝的王室成员。因此当人们发现在后来的史书中他被看作第十八王朝的开端时，免不了会感到惊奇，但是埃及人会将国家的解放者置于一个时代的开端，从而通过他以一种特殊的方式来崇拜重新为国家带来统一的造物主。雅赫摩斯（公元前 1540—公元前 1525 年在位）的树蜂衔为内布普赫提拉（Nebpehtire，意为"力量之主拉"），他完成了父辈和兄长发动的反抗希克索斯人的战争。雅赫摩斯即位不久，希克索斯国王阿波菲斯便死于阿瓦里斯。阿波菲斯的继任者卡穆迪面对的外部局势出现了微妙的变化。使用印欧语的赫梯人原本的统治重心在今天的土耳其，但此时他们的国王却开始发动对北叙利亚的战争。随着战争的推进，赫梯国王穆尔西里一世（Mursilis I）占领了阿勒颇（Aleppo），而阿勒颇的诸侯与希克索斯结成了紧密的同盟。这样一来，希克索斯的统治者便突然面临着两线作战：北方有赫梯人压境，南部则有雅赫摩斯国王虎视眈眈。

在卡穆迪统治埃及的第 11 年，雅赫摩斯国王夺回了赫里奥波里斯以及位于尼罗河三角洲东部的边境堡垒西勒（Sile），莱因德数学纸草书（Papyrus Rhind，现藏于大英博物馆）背面的一则附注记载了此事。在与希克索斯人作战的过程中，雅赫摩斯采取了袭扰的策略：战士乘船前往阿瓦里斯，突袭城市、抢夺战利品，接着迅速撤离。这样的战术使希克索斯人精疲力尽，最终交出了首都。

同样在巴勒斯坦南部也爆发了军事冲突。雅赫摩斯国王围困此地三年，最终攻下了位于加沙（Gaza）以南 25 千米处坚固的沙鲁亨城（Scharuhen）。另一个作战目标是要使盛产黄金的努比亚再次归顺埃及。埃及人控制了努比亚后，再次启用了中王国时期的旧堡垒，并派遣士兵驻扎在此地。塞索斯特利斯一世建造的布亨堡垒成为重要的军营和据点。一座石柱上的碑文记载，底比斯依照神的意愿成了新都城。人们以中王国为国家行政管理制度榜样。按照埃及一直以来的传统，部分官职采用世袭制，但此时的任职者可以贩卖自己的神职或世俗官职。

国王创造了一个重要的新职位，名为"库施王子"。任职者以努比亚总督的身份管理努比亚，并将民众中潜在的骚乱扼杀在萌芽状态。雅赫摩斯任命自己的一个近亲雅赫摩斯-萨塔伊特（Ahmose-Satait）出任首位"库施王子"，他将任职地设在阿尼巴（Aniba）。另一个新头衔是"阿蒙神之妻"，获此头衔的第一人是雅赫摩斯之妻雅赫摩斯-纳菲尔泰丽（Ahmes-Nefertari）王后。这样一来，王后便成了阿蒙神虚构的妻子，凭此头衔，王位的合法继承得到了双重保障：自此，国王和阿蒙神之妻同时可以证明王位继承人的合法性。

雅赫摩斯国王在重建内外政治秩序后，便开始复兴国内重要的中心城市。他在许多地方大兴土木，建成了如孟菲斯和阿比多斯的普塔神庙以及卡尔纳克的阿蒙神庙。但人们没有为这位国王建造金字塔：人们已经在新王国初期放弃了这一习俗。可惜我们找不到雅赫摩斯为自己在底比斯西部选择的墓址。19世纪末，人们在代尔拜赫里一处隐蔽之所发现了大量的国王木乃伊，其中就有雅赫摩斯的木乃伊，这些木乃伊原本所在的墓地不再安全，于是在公元前 1000 年左右，它们被转移到了此地。雅赫摩斯国王去世时年仅 35 岁。

2. 阿蒙诺菲斯一世治下的文化繁荣

接替法老之位的是雅赫摩斯与雅赫摩斯-纳菲尔泰丽王后之子阿蒙霍特普（Amenhotep，意为"阿蒙神慈悲"），今天我们多使用他名字的希腊语形式"阿蒙诺菲斯"（Amenophis）。他于公元前 1525—公元前 1504 年统治尼罗河流域，其树蜂衔为"左塞尔卡拉"（Djoserkare，意为"具有神圣生命力的拉神"）。

在对外战争方面，阿蒙诺菲斯一世关注的重点是再一次完全征服努比亚。努比亚新任总督是前库施王子雅赫摩斯-萨塔伊特之子图里（Turi）。人们在第二瀑布以南加固了中王国时期的堡垒。除了在努比亚的活动，国王也十分重视在国内建立严苛的行政管理体制。此时的埃及在精神领域完成了一次全新的变革，国王将当时最杰出的人才召集到了底比斯的宫廷。天文学家阿蒙涅姆赫特制造了一种更为精确的水钟。后来将著名的"帝王谷"开辟为新的统治者墓地的优秀建筑师伊纳尼（Ineni），已开始为阿蒙诺菲斯一世服务。

成书于此时的著名的《埃伯斯伯比书》（*Papyrus Ebers*，现存于莱比锡大学图书馆）延续了埃及医学的伟大传统。一位姓名不详却极为重要的神学家兼诗人创作了一部新的宗教文学作品，该作品本名为《来世之书》（*Amduat*，意为"密室之书"）。

在这幅关于来世的气势恢宏的画卷中，作者用文字和图像描绘了太阳神如何在每个夜晚穿过西方的地平线之门，最终进入冥府。太阳神乘坐着一艘小船，在夜晚的十二个小时之内穿越冥界。

白天巡游天际已是舟车劳顿的太阳神与随从一同在冥界经历重生。他以白发苍苍之态进入冥府，前去与亡灵的统治者奥西里斯紧密结合，最终在清晨返老还童，再次离开冥府，从东方升上天空。夜晚，太阳神坐着小船穿过冥府的各个区域，用自己的光芒唤醒有福的亡灵，而与有福的灵魂分隔开的受诅咒者将永受地狱的折磨。这部非比寻常的文学作品的最古老版本发现于阿蒙诺菲斯一世的继任者图特摩斯一世（Thutmosis I）的墓中。

阿蒙诺菲斯一世在阿比多斯、埃尔卡布（Elkab）、康翁波（Kom Ombo）和象岛都拥有自己的建筑。其中他最为重视的是卡尔纳克的阿蒙神庙，他在那里重建了一座绝美的神庙，这座神庙全部用雪花石膏打造而成。现在人们尚不清楚这位 50 岁离世的统治者的安息之处，不过他的亡灵庙并不在他墓地的附近。国王的木乃伊同样被发现于代尔拜赫里的藏匿点。到了第十九王朝，国王阿蒙诺菲斯一世和他的母亲雅赫摩斯–纳菲尔泰丽成了底比斯墓葬群的守护神。

3．成为大帝国

我们尚不十分清楚阿蒙诺菲斯一世的继任者图特摩斯（意为"托特神降生"）的出身。他有可能来自王室的旁系，通过与公主兼阿蒙神之妻雅赫摩斯成婚而获得了继承王位的权利。

图特摩斯一世（公元前 1504—公元前 1491 年）选择的树蜂衔为"埃赫帕尔卡拉"（Aacheperkare，意为"拉神具有伟岸的身形及蓬勃的生命力"）。图特摩斯一世最先需要解决的是外部问题：在他即位第二年，努比亚便发生了暴动，这迫使他采取行动。在第三个统治年头，埃及人得胜而归。此时的埃及疆域扩展到了尼罗河第四和第五瀑布之间，此前还未曾有任何一位君主能将势力向南扩展到这么远的距离。

　　然而小亚细亚的局势也发生了新变化，使得埃及人不得不进行武力干预。公元前 16 世纪，叙利亚的土地上建立起了米坦尼王国（Mitanni），此时的米坦尼人开始谋求霸权。而埃及绝不愿意也不可能在领土上做出让步，随后双方擦枪走火，最终爆发了战争。天文学家阿蒙涅姆赫特墓中的文字记载了"对恶行的复仇"。在第四和第五个统治年头，国王率步兵和一支战车部队奔赴叙利亚战场。"陛下大获全胜，俘获敌军无数"，一则战争记录这样表示。

　　图特摩斯一世将记功碑竖立在了幼发拉底河上游一座重要的城市——卡尔凯美什 [Karkemisch，今贾拉布鲁斯（Djerablus）] 附近，并在得胜后在尼贾地区 [Nija，叙利亚地名，位于卡拉克·穆迪克城（Qalcat el Mudik）遗址下方] 捕猎大象。后来，图特摩斯的女儿哈特谢普苏特（Hatschepsut）将他掠来的象牙献给了阿蒙神，哈特谢普苏特在代尔拜赫里的亡灵庙中的绘画证实了这一点。

　　图特摩斯一世的一项创举是建造了德尔麦迪那（Deir el–Medineh）的工人居住区，当时这位统治者决定要在后来的帝王谷建造自己的陵墓。这样一来就有必要在工地附近安置参与建设的工人，如石匠、土方工人、金属加工工人、画师和雕刻师。这片住宅区最初有 20 座被粉刷成白色的房屋，这些房屋以黏土砖建成，排列整齐，四周环绕着一面同样用黏土砖砌成的 6 至 7 米高的围墙。有多块写有建造房屋的国王名字的砖块被保存了下来。

帝王谷的第一任工程负责人是建筑师伊纳尼，他曾在阿蒙诺菲斯一世的宫中服务。伊纳尼记录道："我独自一人监督陛下墓穴的挖掘工作，除此之外无人目睹，无人耳闻。"这样的保密工作是为了防止被盗墓贼盯上。国王陵墓中椭圆形的棺室中有一根柱石，棺室与倾斜的楼道呈 140 度角，并倒向前厅的方向。塞索斯特利斯二世金字塔地下墓道的建筑风格依然对这座陵墓有影响。棺室内铺有石灰岩底板，上面写有《来世之书》最古老的版本（现藏于开罗博物馆）。

伊纳尼后来升任底比斯民长，同时还为国王监管卡尔纳克阿蒙神庙的建筑工程。在他的领导下，（根据现代计数结果的）第四和第五塔门之间建起了一座带有两扇大门的柱厅。第四塔门前则立起了两座国王的方尖碑，其中一座至今依然傲然挺立。伊纳尼讲述道："我在一旁看着众人将两座花岗岩制的巨型方尖碑立在神庙的大门前，还目睹众人为了运输方尖碑，专门制作了一艘

120厄尔（相当于62.4米）长、40厄尔（相当于20.8米）宽的巨大的船只。"在埃及其他地区以及西奈半岛上也能找到图特摩斯一世建筑的遗迹。

图特摩斯一世仍然在位的时候，王储兼军队最高司令阿蒙摩斯（Amenmose）及阿蒙摩斯的弟弟瓦吉摩斯（Wadjmose）便已去世。因此接替储君之位的便成了图特摩斯王子，他并非大王妻雅赫摩斯所生，而是国王的庶妻姆特诺弗雷特（Mutnoferet）之子。图特摩斯二世之所以能获得王位，是因为他娶了自己同父异母的姐妹、雅赫摩斯之女哈特谢普苏特公主。

图特摩斯二世（公元前1491—公元前1479年在位）从父亲那里继承了一个庞大的帝国：此时的埃及疆域达到了有史以来的巅峰状态。伟大的军事统帅图特摩斯一世的死讯刚一传出，一名努比亚诸侯便立刻利用这一时机反抗埃及的统治。于是在即位的第一年，图特摩斯二世便派出军队前往努比亚（他本人没有参战），用尽一切手段镇压暴乱。国王同样向叛乱的叙利亚和巴勒斯坦贝都因人宣示了自己的权威，俘获了"不计其数"的敌人。

在统治埃及十二年后，国王去世，"他升入天界，与众神为伍"，伊纳尼民长这样记载。图特摩斯二世在帝王谷寻得了最后的安息之处。王位落到了一位同样叫作图特摩斯的王子头上，他是图特摩斯二世的庶妻伊西斯（Isis）所生之子。而大王妻哈特谢普苏特只为图特摩斯二世生下了一个名叫涅弗鲁利（Nefrure）的女儿。

继承人图特摩斯三世（公元前1479—公元前1426年在位）的树蜂衔为孟赫佩拉（Mencheperre），他即位时年纪尚幼，没有能力亲政，因此哈特谢普苏特太后便代国王摄政。当时已是白发老者的民长及建筑师伊纳尼也对此有所记载："其子（即指图特摩斯二世之子）接替他成为两地的君主，在生父的王座上统治国家。同时由先王姐妹（即新国王的姑母兼继母）、神之妻哈特谢普苏特料理国家事务。两地被置于她的领导之下。"

很快，哈特谢普苏特便不再满足于自己的角色。国王即位第二年，哈特谢普苏特便借一次宗教庆典的机会，颁布了一则阿蒙的神谕，自立为王，并为自己加冕，这一行为自然是得到了一批亲信的支持，这些人助她夺权。小国王图特摩斯三世便遭到了排挤。哈特谢普苏特（公元前1479—公元前1457年在位）的树蜂衔为玛亚特卡拉（Maatkare，意为"拉神的真理和生命力"）。

女人以"拉神之子"和"荷鲁斯"的身份坐上法老之位，这在当时的埃及并不新鲜。但是此次政变却使得埃及历史上首次出现两位国王同时执政，一位是合法的图特摩斯三世，另一位则是不合法的哈特谢普苏特，这二者都出身于同一王室。为了解决这一难题，哈特谢普苏特仿照中王朝君主的做法，任命继子图特摩斯三世共同执政，她通过这种方式使图特摩斯三世成为傀儡国王，后者无法过问政事。

与此同时，哈特谢普苏特为了强调自身的合法统治权，还编造了一则关于自己出世与加冕的神话，由此将自己推向了超越凡世、充满神性的境域：帝国的主神阿蒙以国王图特摩斯一世的形象将她诞下。神明亲自指定她为统治者，这样便为埃及创造了特殊的世界新秩序："我将你放在我的宝座上，我将权杖与链枷交到你的手中。"根据这则神话，哈特谢普苏特成了真正意义上领受了神恩的女王。

女王将忠于自己的臣属召集起来，把他们组建成新的领导集体。掌管最高权力的大臣名叫森穆特(Senenmut)，他家世普通，却身兼卡尔纳克阿蒙神庙资产管理人、王室事务主管及女王储涅弗鲁利的教师等多个重要职位。另一位新贵是哈布森尼布（Hapuseneb），他升任阿蒙神的高级祭司，领导众僧侣。女王还让自己认可的官员出任一些重要官职，这些人中的一部分来自别国，他们的仕途升迁与女王成功夺权有着千丝万缕的联系。

女王将阿蒙神之妻的头衔传给了女儿涅弗鲁利，从此，涅弗鲁利开始频繁出现在绘画中，协助母亲向神明献祭。埃及历史上从未有过任何一位王女像涅弗鲁利那样身处权力的中心，人们制作了大量刻有涅弗鲁利名字的圣甲虫宝石。或许女王正在尝试着将女儿培养成为王位继承人。

　　哈特谢普苏特时代最为著名的建筑是她位于代尔拜赫里谷地的亡灵庙，这座庙宇是由森穆特主持修建的。这个埃及神庙建筑中的瑰宝在中王国的缔造者孟图霍特普一世600年前建造的陵墓旁拔地而起。显然是有计划地选择这一地点：女王意图将自己与开国之君孟图霍特普相提并论。

　　此外，这座建筑轴心正好朝向卡尔纳克的大阿蒙神庙。亡灵庙背靠300米高的陡峭山岩，由三层逐级升高的平台组成，各平台之间由坡道进行连接。神庙前部左右皆坐落有华丽的柱厅，柱厅后墙上色彩斑斓的精美浮雕描绘了哈特谢普苏特出生和加冕时的奇妙场景，还描绘了出征乳香国度邦特和运输两座被女王立于阿蒙神庙内的方尖碑的画面。第二层平台上筑有阿努比斯神和女神哈托尔的神殿，两座神庙分别位于平台的北端和南端。在这座亡灵庙中有超过200尊哈特谢普苏特的塑像，有的头戴王冠，有的大步前进，有的跪坐着，还有的将女王描绘成斯芬克斯的形象。

第十八王朝没有任何一位君主曾留下如此数量庞大的塑像。此外，建筑师森穆特还将自己的多座塑像隐藏在神庙的门后，他的行为可能得到了女王的允许。阿蒙神为哈特谢普苏特加冕的场景也是卡尔纳克一座祈祷室中造型艺术的一个重要表现主题。这座用红色石英岩建成的祭祀场所后来被拆掉，成了其他纪念碑的内嵌。现在被保存下来的石块已被再次拼接起来，人们可以在卡尔纳克参观到这座名为"红色祈祷室"的建筑。

女王在位的第九年远征索马里西海岸的乳香之国邦特是一次重大事件，参与此次远征的有五艘船只，率领远征军的是最高国库大臣耶赫希（Nehsi）。时隔多年，埃及人再一次踏上了这样的旅途。他们用武器、首饰和多种用具换取黄金、象牙、香料、乳香树、贵重木材、兽皮和珍稀动物。代尔拜赫里亡灵庙中的绘画用语言和图像清晰地展示了这一事件。

我们可以在画上看到位于邦特之地水边蜂巢状的房屋，人们必须借助梯子才能爬上这些房屋。根据图像的描绘，这片土地上的花草植被十分繁茂，邦特的君主和肥胖的王妃与他们所骑的驴子一同出现在壁画上。

女王在位期间还发动了六次对努比亚和叙利亚－巴勒斯坦的战争。在后期的战争中，哈特谢普苏特让已长大成人的共同执政图特摩斯三世担任最高军事统帅。哈特谢普苏特称王前就已在代尔拜赫里西面的一处河谷内为自己准备好了一处陵墓，但她后来又弃之不用，转而要求在帝王谷拥有一处墓地。涅弗鲁利公主大约在11至16岁的年纪去世，死后被安葬在王后谷。

哈特谢普苏特即位二十二年后去世，于是未满30岁的图特摩斯三世终于可以独自掌权。他刚一执掌大权，便立刻将哈特谢普苏特的名字从官方王表中删去，但没有触及她在登上王位之前拥有的地位。

一位高官于哈特谢普苏特死后在自己位于埃尔卡布的陵墓中提到了自己在世和为官时统治埃及的国王。哈特谢普苏特在这份记载中的身份不再是法老："已故的神之妻、大王妻玛亚特卡拉宠信我，因为我曾有幸教养过尚在母亲怀抱中的婴儿时的已故长女、王女涅费鲁利。"

此处提到的是哈特谢普苏特的树蜂衔"玛亚特卡拉"，但没有使用她的王衔，就好像世上从未有过哈特谢普苏特法老一般。直到图特摩斯三世42岁的时候，他才开始秋后算账：展示哈特谢普苏特帝王威严的雕像被毁，她立的方尖碑周围被筑起了围墙，她的名字被铲去。哈特谢普苏特死后多年，图特摩斯三世才采取了这一系列行动，这表明图特摩斯三世并非因为私人恩怨才做下这等"除忆诅咒"（damnatiomemoriae）的行为。这样做更可能是为了重建合法的世界秩序；可见的非法统治痕迹必须被剔除。因此，缅怀身为王妻和阿蒙神之妻的哈特谢普苏特的纪念碑便毫发无损。

人们今天所掌握的大量关于国王图特摩斯三世统治方面的信息来源于不同的历史文献，例如国王最重要的大臣的传记文字，国王命人记录在卡尔纳克阿蒙神庙东面年代记厅北墙上予以公开的战争日记中，以及位于努比亚纳帕塔 [Napata，即位于尼罗河第四瀑布附近的博尔戈尔山（Gebel Barkal）] 的记功碑上。

正当国王开始独立执政时，亚洲局势日益紧张。在卡叠什（Kadesch）诸侯的领导下，巴勒斯坦和叙利亚的三百名城邦诸侯组成了一支对抗埃及的同盟。这支联军还得到了米坦尼王国的支持。为了抵御此次重大威胁，国王在第 22 个统治年头的春季，率领一支 10 000 至 15 000 人的军队，从边境堡垒西勒 [位于苏伊士运河附近的坎塔拉（el-Qantara）] 出发，20 天之后便到达了耶赫姆 [Jehem，即今天的奇尔拜特-吉玛（Chirbet-Jimma）]，在那里安营扎寨。据知情者告知，敌军在美吉多堡垒[Megiddo，即今天的缪特沙林丘（Tell el–Mutesellim）]内集结，准备与埃及军队决一死战。

然而，在埃及人驻扎的耶赫姆城和位于耶斯列平原（Ebene von Esdralon）一座山丘之上的美吉多堡垒之间还耸立着迦密山（Karmelgebirge）。要想到达美吉多，有三条路线可供埃及军队选择。一条路从北边通向美吉多。可如果走这条路的话，敌军从很远的地方便能发现他们，这样敌军就能充分做好进攻的准备。第二种可能性便是从东面一条宽阔的大路前往美吉多。但那里已经驻扎有盟军的一部分兵力。最后只剩下第三条路，这条路虽然更短，但极其狭窄，走起来十分艰难。此路穿过阿鲁纳山口（Aruna），到达堡垒南面的基纳–巴赫山谷（Kina–Bach）。由于道路过于狭窄，人和马匹只能一个接着一个前进。在反复斟酌利弊之后，图特摩斯决定让军队取道这条最为艰险的路。

清晨刚至，国王便率领军队出发，穿过阿鲁纳山口。接近午时，军队便到达了没有敌军驻守的出口处。而巴勒斯坦–叙利亚联军却在东边宽阔的大路上等候着埃及军队；这时他们惊恐地意识到图特摩斯的军队可能早已站在了他们的身后。于是到了夜晚时分，诸侯和将领们急匆匆地重新排兵布阵，但为时已晚。第二天，埃及军队便拉开阵线发动了攻击。

> 陛下指挥军队占了上风。他们看到陛下将要战胜，只得面露惊惶之色，丢盔弃甲，狼狈逃窜回美吉多。他们丢下了马匹和金银战车，因为他们只有将车辆绑在自己的衣衫上拉起才能将其带回城内。美吉多的居民在他们面前关上了城门，随后放下自己的衣服，将他们拉上城头。

图特摩斯三世击溃联军，享受胜利的荣耀，这可谓战略上的一次伟大成就，而在 33 个世纪之后，他的策略再一次带来了胜利。1917 年，英国陆军元帅埃德蒙·艾伦比爵士（Edmund Allenby，1861—1936）在美吉多附近卷入了一场与土耳其军队的战争。通过采取与图特摩斯三世一样的军事策略，艾伦比赢得了此次战争，后来他向美国埃及学家詹姆斯·亨利·布雷斯特德（James Henry Breasted，1865—1935）表示感谢："我们和图特摩斯有着同样的经历，这实在是太奇妙了。我读了您的《埃及史》，知道了那里曾发生过什么事。"

美吉多大捷只为图特摩斯三世带来了短暂的休养时间，因为在国王即位的第 24 年和 28 年，他又几次出兵巴勒斯坦。取得最后一次胜利之后，图特摩斯做出了一个明智的决定：他保留了被征服的城邦诸侯原来的官职和头衔，这样诸侯们便会感激埃及人，从而与埃及建立长期的依附关系。与此同时，他又将诸侯们的孩子作为人质带到埃及，让他们在埃及接受教育。如果身在家乡的诸侯去世，那这名诸侯身在埃及、接受了埃及思想教育的继承人就回来继承爵位。通过这种方式，昔日的敌人就变成了亲密而忠诚的盟友。

　　在登基后的第 33 年，图特摩斯三世在第八次对中东作战时取得了最大规模的军事胜利，这一次他亲自率领军队攻入了米坦尼王国。他在图特摩斯一世在卡尔凯美什竖立的记功碑旁立起了自己的记功碑，之后他便率军回到埃及。

　　图特摩斯三世一共在亚洲进行了十六次战争，以此巩固了自己在巴勒斯坦和叙利亚的地位。他在地中海沿岸设立了据点，各据点都配备了灵活的机动部队，一旦出现小规模骚乱，他们便能迅速投入战斗。这样一来，周边邻国便再也不敢进犯尼罗河流域，而是尽力保持睦邻友好关系。巴比伦、亚述和赫梯王国派来的使臣都携带礼品前往埃及，一些小型城邦国家的诸侯之女被纳入国王后宫。

国王还对努比亚发动了战争。在他在位的第四十七年，国王率军队来到了尼罗河第四瀑布附近的纳帕塔城，在那里，埃及人首次遇到了拥有黑色皮肤的非洲人，从此，这些非洲人便作为陌生的民族，被绘制在了图画中。国王在此地建起了一座神庙和一座堡垒，埃及的南部边界也被确定在了这里。在海拔为100米，从远处就能看到的砂岩质博尔戈尔山上，竖立起了一座巨大的石碑，上面记录了图特摩斯三世的功绩。

每年单是从努比亚获取的战利品和贡品就价值300千克黄金，这为埃及带来了巨大的财富。大部分财富归于众神，其中最主要的是拉神、普塔神和莫神，他们的双手护卫着尼罗河流域，为此地带来福祉，也得到了埃及人献给他们的神庙和祭祀场地。获得最多祭品的还是国家主神阿蒙，据图特摩斯三世本人称，是阿蒙神将他一次次引向胜利。

一座座新的祭祀场所在全国拔地而起，它们都只供阿蒙神享用。人们对卡尔纳克的阿蒙神庙大加装饰。从未有任何一位国王像图特摩斯三世那样，通过扩建、重建和新建的方式在这座祭祀场所打下如此深刻的个人烙印。他用在阿斯旺开采的石料打造了九座方尖碑，其中七座（被分成三对，外加一座单独的方尖碑）都被运往卡尔纳克，剩下的一对则归赫里奥波里斯（即今埃及开罗）的太阳神庙所有。这几座方尖碑分别是图特摩斯三世为了自己登基第三十、第三十四、第三十七、第四十和第四十三年这五次庆典而制作。如今人们在埃及已再也看不到这几座方尖碑，因为经受住时间考验的它们现在已散落在罗马、纽约、伦敦和伊斯坦布尔等地。

在人生之路即将终结之际，图特摩斯三世在代尔拜赫里的哈特谢普苏特阶梯神庙和孟图霍特普一世的陵墓之间建造了一座小型神庙，取名为"吉塞拉赫特"（Djeserachet，意为"神圣的地平线"）。该神庙位于一处高出谷底 20 米的平台上，因此其高度要超出身边的另两座遗迹。一条通道将它与一座河谷神庙相连。神庙中曾有一座母牛外形的真人大小的女神哈托尔神像，1906 年这座神像被人发现，外表完好无损，现存于开罗博物馆。

通过一些个人传记，我们知道了国王手下的一些官员、祭司和军官。一个叫拉赫米拉（Rechmire）的出身高级官吏家庭的人被任命为维齐尔，在其就职典礼上，图特摩斯三世发表了一篇讲话，原文被保存了下来：

"成为维齐尔"并不甘美，而是如胆汁般苦涩。你要留心，以法为纲，正确行事，秉持公义，使人各得其所……心存偏袒，必为神明所弃!

这是命令! 要时刻铭记,以此为行动根本: 对于你熟悉和陌生之人，对于你亲近和疏远之人，皆要一视同仁。

图特摩斯三世的陵墓位于帝王谷最南端。陵墓的入口位于北面，高出谷底 10 米。椭圆形棺室中的壁画外形是一张巨大的莎草纸卷轴，以素描和斜体圣书体记录了《来世之书》的一个版本。根据这个版本，国王参与了太阳神在夜晚十二个小时内进行的夜间旅途。

在第 53 个统治年头即将结束之时，国王离开了人世。两年多前他曾任命自己与同父异母的姐妹、大王妻美利特拉·哈特谢普苏特（Meritre·Hatschepsut）所生的王储阿蒙诺菲斯共同执政。图特摩斯三世一直留在埃及百姓的记忆中，围绕他的英雄形象诞生了许多故事和传说。

4. 运动员与实用主义者：阿蒙诺菲斯 二世和图特摩斯四世

已故国王的儿子、继承人阿蒙诺菲斯二世（公元前 1428—公元前 1397 年在位）的树蜂衔为阿赫佩鲁拉（Aacheperure，意为"拉神拥有诸多伟大的形象"）。对于此时的阿蒙诺菲斯二世而言，守护父亲的遗产成为他的职责。

阿蒙诺菲斯和第十八王朝的所有王储一样，曾在孟菲斯学习如何作战，以为将来继承统治者之位做好准备。他是一位模范学生，内心充满了斗志，在运动方面则雄心勃勃。他的父亲图特摩斯三世得知王储的优异成绩后，想必曾大声宣告："他便是那个终将成为世界之主的人，绝不会有任何敌人胆敢反对他。"（此语载于吉萨斯芬克斯记梦碑，现藏于开罗博物馆）

王子是个马术迷。记梦碑上这样写道："当还是孩童时，他就深爱自己的马匹，常以其为乐。他一直努力驯服这些马匹，了解它们的天性，掌握训练马匹的技巧，钻研这方面的文献。"此外，他的箭术也十分出众，任何人拉弓的能力都比不过他。人们将四面厚度相当于手掌宽的铜靶立在习武场上，每个靶之间的距离为 10 米。

阿蒙诺菲斯驾驶一辆两匹马拉的战车，手持一把弓和四支箭。他一边疾驰，一边射出四箭,射穿了所有铜靶。"这可谓前所未有之武力，也无人曾听说过这样的事"，在跑步和划船方面，同样无人能与阿蒙诺菲斯匹敌。

阿蒙诺菲斯二世统治之初曾接连发动过多次战争，他在这一时期的军事行动明显暴露出血腥残酷的倾向。在统治埃及的第三年年初，他开始出征叙利亚-巴勒斯坦,起因很可能是米坦尼国王萨乌什塔塔(Schauschtatar)策动的一起暴乱。在塔克沙地区（Tachsa，位于卡叠什以南），国王亲手用大棒击杀了七名叛乱的诸侯。国王将这些诸侯的尸首倒吊在船头，返回了埃及。其中的六具尸首被挂在底比斯的庙宇墙头，第七具尸首则被运到位于尼罗河第四瀑布的纳帕塔示众，以对当地诸侯形成威慑。

两座石碑记载了阿蒙诺菲斯二世在位第七年和第九年的另外两次战争，这两座石碑一座在孟菲斯，一座在卡尔纳克，二者在内容上相互补充。很可能米坦尼国王萨乌什塔塔在阿蒙诺菲斯二世在位的第七年入侵了北叙利亚。此次入侵促使阿蒙诺菲斯二世再次率军出征巴勒斯坦北部和叙利亚。第九个统治年头的战争始于秋季。起初人们听说国王做了一个梦，他梦见阿蒙神向他显灵，并预言他会拥有全新的力量。国王随即出发，但很可能只到了美吉多周边地区和加利利海（See Genezareth）。国王无情地对爆发叛乱的地区施以军事打击，并将该地洗劫一空。这也可以理解为何一些较为强大的势力，即米坦尼、赫梯王国和巴比伦，会因为听到这些消息而暂时保持缄默，静观其变，于是在战争结束的头几年出现了一段相对和平的时期。值得注意的是，阿蒙诺菲斯二世在位期间，许多巴勒斯坦和叙利亚神祇被收入埃及神谱之中，享受埃及人的祭祀。

围绕在国王身边的都是国王的战友或与国王一同在宫中长大的人，例如维齐尔阿门内莫普（Amenemope）及其兄弟、底比斯民长塞内弗（Sennefer）。阿蒙诺菲斯二世的时代不只有战争，当时的艺术也达到了极高的水准，具体体现在建筑和造型艺术上。据考证，国王曾在整个埃及境内大兴土木，建设工作的重心是卡尔纳克阿蒙神庙。那里留下了数座小祈祷室和一座雪花石膏制成的神龛。

阿蒙诺菲斯二世统治埃及二十六年，他于公元前1401年去世，死后被葬在帝王谷。这处长约60米的陵墓位置十分隐蔽，与父亲的陵墓不同，该墓葬呈矩形。棺室内有六根立柱，整体比例协调，并点缀以精美的图画。墙壁上绘有《来世之书》，而立柱上的图案则描绘了国王被多位神祇陪伴的场景。由于这处墓葬的位置，四百年后，这里成了其他无法平安留在自己陵墓中的帝王木乃伊的藏匿处。

随后登上王位的是国王与其大王妻提娅（Tiaa）所生之子图特摩斯四世(公元前 1397—公元前 1388 年在位)。他的树蜂衔为孟赫佩鲁拉（Mencheperure，意为"拉神的形象永驻"）。他在当王储时也曾在孟菲斯接受教育。"他驾驶战车疾驰而去，他的马匹比风还快……"，立于吉萨斯芬克斯像两只前爪之间的记梦碑上记有这样的文字，此碑为年轻的图特摩斯四世国王在即位第一年时所立。碑文称，王子曾有一天游玩于金字塔群附近，在部分被黄沙所掩埋的斯芬克斯像的影子里休息。他睡着了，梦中，太阳神化身为斯芬克斯，在他面前显灵，并对他说："……看啊，我的境况如同一个陷入困苦的人，因为我的四肢都已消失。我所在的荒漠中的黄沙离我过于近了。"于是，王子一登基，便立刻将这座纪念像从黄沙中解救出来，并为其修筑了一座防护墙，从而保护它免受新的风沙的侵袭。

图特摩斯国王与父亲阿蒙诺菲斯完全是两类人。他遵循的原则是实用性和可操作性，在可能的情况下，他推行的政策是与周边国家达成和平谅解。他与米坦尼国王阿尔塔塔玛（Artatama）签订和约，承诺不再扩大军事争端，并承认米坦尼王国。为了巩固新建立的友好关系，图特摩斯迎娶了米坦尼王国国王的一个女儿。

两国结盟还有一个好处，即赫梯人向巴勒斯坦和叙利亚的扩张政策将受到极大限制。虽然国王还曾两次远征努比亚和亚洲，但这两次远征更多地具有警察行动的特征，其主要目的是为了保护交通线路。在位于卡叠什北部的努哈舍（Nuchaschsche）地区，图特摩斯建立了一个忠于埃及的新王国。图特摩斯的别称"叙利亚的征服者"可能只具有象征含义。

图特摩斯短暂但和平的统治为他在整个埃及境内热火朝天地开展建设提供了契机。国王将卡尔纳克阿蒙神庙第四塔门的入口大门裹上黄金，并将祖父图特摩斯三世那座躺在神庙南侧已有35年的巨大方尖碑竖立了起来。这座最大的埃及方尖碑于公元357年被运往罗马，今天矗立在拉特兰圣乔万尼广场上。值得注意的是，国王尤其爱好大型全景绘画和宏伟的建筑。他的继任者在这方面的喜好还会加剧。图特摩斯四世统治时期诞生了数座精美的私人墓葬，这些墓葬中极富艺术性的绘画足以打动了每一位造访者。此处需要提及的是土地书吏门纳（Menna）和天文学家纳赫特（Nacht）的墓葬。今天人们多次复制这些令人惊叹的艺术品，例如纳赫特墓中以"小夜曲^①"（*kleine Nacht–Musik*）为别称而举世闻名的奏乐少女群像。

图特摩斯四世本人在帝王谷的陵墓中也流传下了绘画艺术的杰作，这座陵墓的规模超出了图特摩斯四世父亲的陵寝。棺室内壁被抹平，图画也已被细细地绘制上去，但尚未经过修饰。统治者去世时只有三十岁出头。国王死后不过数十年就已有盗墓贼对他的陵寝进行洗劫。后来人们重新花费重金修缮了陵墓，然而陵墓却再遭劫掠，于是人们将国王的木乃伊藏在了隐蔽的阿蒙诺菲斯二世的陵墓中。

5. 阿蒙诺菲斯三世和巨像

图特摩斯四世与王后姆特姆维亚（Mutemuia）所生之子阿蒙诺菲斯三世（公元前 1388—公元前 1351 年在位）在十到十二岁之间登上了王位，其树蜂衔为尼布玛亚特拉（Nebmaatre，意为"玛亚特之主拉"）。

---

① 这是一处文字游戏，德语中的"夜"与墓主人"纳赫特"的名字拼写完全一样。

小国王即位初期由太后姆特姆维亚摄政。阿蒙诺菲斯三世之父的政策使得叙利亚-巴勒斯坦局势稳固，边境太平。只有努比亚在国王即位后的第五年爆发了叛乱，后被镇压。然而此次军事行动却由库施总督梅利摩斯（Merimose）领导，国王并没有参加此次战争。

阿蒙诺菲斯三世和父亲一样，懂得如何充分利用自己的外交能力。他在位时期天下太平，国家富庶。1887年，一位农妇在阿玛纳（Amarna）意外发现了一部分埃及国家档案，其中就有阿蒙诺菲斯三世与外邦通信的残卷，这些文献从一个特殊的角度清晰地展现了阿蒙诺菲斯三世与亚洲邻邦之间的外交活动和联姻政策。

为了继续巩固与米坦尼王国的关系，他迎娶了舒塔尔那国王（Schutarna）之女吉鲁赫帕（Giluchepa）。后来舒塔尔那之子图什拉塔（Tuschratta）接替王位后，又有公主塔杜赫帕（Taduchepa）被纳入国王的后宫，其他亚洲统治区域的君主之女也是如此。作为回报，阿蒙诺菲斯给这些国家送去了各种礼品，其中最贵重的是黄金，单是给巴比伦的黄金就超过了半吨。埃及与爱琴海地区保持着贸易关系，在一份地名表中出现的名称有迈锡尼（Mykene）、克诺索斯（Knossos）、基希拉（Kythera）、纳夫普利翁（Naplia）和伊利奥斯①（Ilios）。

阿蒙诺菲斯三世将泰伊（Teje）立为大王妻，她的父亲"牛群的总管"（Rindervorsteher）兼"敏神的先知"（Prophet des GottesMin）由亚（Juja）来自埃及中部城市艾赫米姆（Achmim）。国王与一位平民女子通婚是前所未有的大事，他的行为与传统背道而驰。由亚以统治者岳父的身份获得了若干尊贵的头衔，其中就有"神之父"。

泰伊生下了王子图特摩斯和阿蒙诺菲斯，成为在国内具有重大影响力的人物，执掌国中大权，但由于她出身平民，因此她几乎不具备成为大王妻的先决条件。到了晚年，阿蒙诺菲斯三世迎娶了自己的两个女儿萨塔蒙（Satamun）和伊西斯（Isis）。似乎国王试图借助这两桩婚姻修复因自己与泰伊成婚而断裂的传统。

阿蒙诺菲斯三世统治时期确立了这样一个传统，即某些与狩猎和纳妃有关的大事会被刻在古埃及人最喜爱的护身符圣甲虫的背面，以使这些事件被世人永远铭记。目前流传下来的这类用于铭记历史的圣甲虫共有五组，国王与泰伊的婚礼是第一件被记载下来的大事。当时的国王宫廷极尽铺张。在艾赫米姆地区，国王为泰伊王后开掘了一个属于她自己的人工湖，到了国王在位第十一

---

① 即特洛伊。

年，人们举行盛大的庆典，以庆祝这处湖泊的开放。在大兴土木方面，阿蒙诺菲斯三世超越了在他之前的所有君主，并表现出了对大型建筑极为强烈的喜好。他的大规模建筑从尼罗河三角洲东部一直延伸到尼罗河第三瀑布。

国王将主管施工的任务交给了一名来自位于三角洲附近的阿特里比斯（Athribis）人，他就是哈普之子阿蒙诺菲斯。这名万众瞩目的男子获得了至高的荣耀，国王甚至给予他法老专属的特权，允许他在底比斯西面修建属于自己的亡灵庙。

哈普之子阿蒙诺菲斯死于公元前 1358 年，死时已年逾八十。埃及百姓崇拜阿蒙诺菲斯，民众缅怀他。直到法老统治埃及末期，他还被看作天才的智者，甚至以神明的身份留在人们的记忆中。在卢克索一座旧神庙所在的位置，哈普之子阿蒙诺菲斯为国王修建了一座献给底比斯神圣家庭阿蒙、姆特和孔斯的神庙。今天这处祭祀场所大部分依然完好，矗立在原址，见证着神庙建筑师出类拔萃的技艺。

阿蒙诺菲斯三世位于底比斯西侧的亡灵庙规模巨大。如今被保存下来的只有原本位于入口两侧的两座将近 20 米高的统治者坐像。古典时代的希腊罗马游客认为这两座巨像是神话中被阿喀琉斯杀死在特洛伊城下的埃塞俄比亚国王门农（Memnon）的塑像。因此这两座由哈普之子阿蒙诺菲斯立起的塑像得名"门农巨像"，该名称一直沿用至今。此外，还有逾千座统治者的大型塑像（部分塑像超过 3 米高）和不同神祇的神像被保存了下来。

阿蒙诺菲斯三世在位期间，人们首次开始进行新的思考在传统宗教之外的神学领域，提出了前所未有的观点。

在对整个纷繁复杂的世界进行解释的过程中，出身祭司群体的一位精英开始通过宗教文本进一步强调"新太阳神学"[Neue Sonnen-Theologie，扬·阿斯曼（Jan Assmann）语]。关于阿蒙-拉，此时的解释是："你是创造一切存在之物的唯一，那创造万物之名的唯一的孤独者。"

太阳的运行不再被当作特定神明的工作，以神话式的图像得到描绘，而是变成位居远方的太阳神通过自身的光芒向全世界显现。这位"孤独者"通过自身的光芒（人们将光芒想象成神明的目光和手臂）与自己所创造之物产生联系。"那唯一者拥有数个手臂，当世界进入梦乡后，他为凡间守夜，为自己的牧群寻求裨益。"

就连亡灵之国的统治者奥西里斯现在也以太阳神的形象出现。

虽然这种一神教趋势逐渐引发了埃及多神世界观的危机，但阿蒙诺菲斯三世依然坚持推行传统宗教。此时可以明显观察到人们开始转向了动物崇拜：人们在萨卡拉设立了所谓的赛拉比尤姆神庙（Serapeum），里面以极高的规格埋葬着孟菲斯的阿匹斯神牛（Apisstiere）。在这座新建的庙宇主持第一次阿匹斯神牛葬礼的人绝非等闲之辈，而是担任孟菲斯高级祭司的王储图特摩斯。被保存下来的还有一具动物棺椁，这是王子为一只死去的猫准备的。这位图特摩斯王储寿命短暂，其父还在位时就已死去，因此接替王位的就成了他的弟弟阿蒙诺菲斯。

阿蒙诺菲斯三世晚年主要在底比斯西面的摩尔加塔（El-Molgata）宫中执政。在登基第三十、三十四和三十七年，他都举办了庆祝活动。长期患病的阿蒙诺菲斯三世在即位三十八年后离世，年约五十。死去的国王没有被直接安葬在帝王谷，而是被葬在了西谷。他的木乃伊后来也被送往祖父阿蒙诺菲斯二世陵墓的藏匿点。

6. 阿蒙诺菲斯四世——埃赫那吞[①]治下 诸神的黄昏

阿蒙诺菲斯四世（公元前 1351—公元前 1335 年在位）的加冕仪式可能是在底比斯举行，国王在那里度过了最初的统治岁月。他选取的王衔与父亲极为相似，人们无法通过这个头衔预知即将发生的大事。他的树蜂衔是相当传统的"内弗尔赫佩鲁拉"（Nefercheperure，意为"具有诸多完美形象的拉神"）。他的出生年份不明，因为被保存下来的制作于他登基之前的文物只有一个双耳瓶，瓶身上印有"真正的国王之子阿蒙诺菲斯所有"字样，但人们无法借此推断准确的年份。不过可以肯定的是，阿蒙诺菲斯四世登上法老之位时已不再是孩童，因为我们能从诞生于他在位前五年的浮雕上看到阿蒙诺菲斯四世与大王妻纳芙蒂蒂（Nofretete）以及三位长女在一起时的情形。

阿蒙诺菲斯四世即位第三后发生了一次大变革。我们在整个世界历史的发展过程中首次见证了一位神明的诞生，国王亲自将这位神明尊为唯一的神，他没有同侪，因为其他所有神明都遭到了否定，他为人类历史上

---

① 埃赫那吞，也译阿肯纳顿。

第一个一神教奠定了基础。我们将这位神明简称为"阿吞"（Aton），民众被强制独尊该神。

"阿吞"一词最初指的太阳这个天体，后来阿吞变成了太阳神拉的宝座，并成为太阳神的别名。但这绝不是阿蒙诺菲斯四世引入埃及神谱中的那一位神明，因为这位神明的名字更长，被两个象形茧所环绕，并且名字中包含了教义："在地平线欢呼的拉-哈拉胡提存在于他光芒般的名中，这光芒便是阿吞。"这个名字在国王即位第三年时得到凸显，这标志着新神的诞生。其中蕴含着的神学纲领表明阿吞神只能以光的形象显现，他是普照世界的光，给万物以生命。阿吞神与国王一样要举行登基周年庆典，因为现有的王权意识如今已转移到了宗教祭祀的范畴。阿吞神不像其他埃及神明那样需要一位女神充当自己的伴侣，他也没有敌人。过去的神明习惯通过话语和神谕与国王交流，而阿吞神则缄默不语；阿蒙诺菲斯四世便是他的发言人和先知。国王即刻要求人们赋予阿吞神超出其他所有神明的特权。将新的神祇引入埃及神谱的做法引发了巨大的变化，受到波及的不仅是宗教领域，就连艺术和经济也受到了影响，生活的方方面面都被彻底改变了。

国王在登基后的第三年开始为自己的阿吞神建造巨

大的庙宇，加上被外墙围起来的面积，这座庙宇的规模超过了迄今为止埃及的所有建筑。神庙位于卡尔纳克大阿蒙神庙东面，从视觉上看，阿吞神庙就已经在压制阿蒙这位强大的国家主神，甚至使他看上去有些渺小。与宗教传统的决裂势必会割裂与高级官僚阶层中的大多数人之间的关系，国王逐渐换掉了大部分高级官吏。国王任命的新官员通常不是出身于传统的官僚家庭；他们无条件服从统治者，从而获得了任职的权利，并且这些人大多是外国人。迎娶了泰伊王后之妹的阿蒙诺菲斯四世岳父阿伊（Aja）获得了专属于国王岳父的"神之父"头衔。国王让阿伊担任要职，如国务秘书和国王战车部队总指挥。一些新贵还打算改名以赢得国王的青睐。例如，一个名叫"纳赫特敏"（Nachtmin，意为"强大的敏神"）的人成为上埃及维齐尔后，将名字改为"纳赫特帕阿吞"（Nachtpaaton，意为"强大的阿吞神"）。另一位有望得到高级祭司之职的"梅利奈特"（Merineith）则改名为"梅利拉"（Merire，意为"拉神的宠儿"）。

阿伊的女儿，大王妻纳芙蒂蒂在祭祀场合与国事上几乎与埃赫那吞平起平坐，她参与了国王的一切政治和宗教活动。

在即位后的第六年，统治者迁都埃及中部。在开罗和卢克索之间的阿玛纳丘荒原附近，就在这片尚未被开发的土地上，阿吞神的城市阿赫塔吞（Achetaton，意为"被阿吞神光芒照耀之地"）拔地而起。与此同时，国王弃用了自己包含了阿蒙神之名的出生名阿蒙诺菲斯，从此改名为埃赫那吞（Echnaton），正确的元音发音为"阿罕尼阿提"（Achanjati，意为"为阿吞神所喜悦的"）。

国王在位第六至第九年矢志不渝地继续推行其"自上而下的改革"。在改革的开拓，国王将阿吞神置于众神之上，之后他就逐步打压其他神祇，以容许较小神祇存在的一神学说为基础，炮制出一神教。在国王即位第九年或稍晚一段时间后，阿吞神名字中的教义也得到了修改。人们移除了"地平线上的荷鲁斯"这一神名，代之以"地平线的统治者"这一概念。

这一改动彻底剔除了历史悠久的太阳神显灵时的形象，即具有隼的外形的荷鲁斯。阿吞神的新名字如今被写在了两层象形茧中，这表明人们追求的是彻底的一神教；同时人们还强调了神的父子关系："地平线的统治者拉在光芒之地欢呼，他存在于拉父之名中，拉父以阿吞的名义显现。"新宗教崇拜的唯一神也只以一种形象在人的面前显现。一直以来，阿吞神都被描绘成一轮红日，日盘的下部有一条带有生命之符"安卡"（Anch）的埃及眼镜蛇。日盘上有光芒射出，光的末端是人手，神通过这些手与凡间产生联系。

阿吞的教义中还包含了神对地上所有被造物的爱。国王本人创作的太阳神赞歌形象地描绘了阿吞神的本质，展现了一位关爱自己所造之物、全心全意为被造物着想的神的形象。正如埃里克·赫尔农（Erik Hornung）所言，埃赫那吞的宗教是爱的宗教。

我们可以从绘画中看到国王、王后和公主相处时的温情脉脉。这些绘画展现了人与人之间的爱，这样的爱理应成为全世界的典范和责任。

因为新宗教不再拥有神话，于是由此产生的空缺便由统治者家族前来填补。阿赫塔吞的臣民在家中设立祭坛，将自己的虔诚灌注到光芒四射的阿吞神和王室成员的画像上。高官的家中绝不能缺少国王的画像，国王是臣民的神、先知和领袖。可以想象，对于许多埃及人而言，要接受埃赫那吞的新教义，改变数千年的传统和已经熟悉的生活习惯，这根本就不可能。因此可能有很多人仍然坚持父辈的信仰，继续向旧神祈祷，但这只能偷偷进行。

埃赫那吞的宗教实现了有计划的一神教化，并缔造出了一个神权政体。居于中心地位的是不可探究的光芒普照之神阿吞，以及阿吞神的中间人——国王。然而能够支配信众的神明只有国王，他是神人之间私密关系的最终核心。人死后是否能够以另一种新的形式复生，这全都取决于国王的恩典。只有得到埃赫那吞恩典之人方能从死亡的睡眠中被唤醒，才能瞻仰阿吞神，才能陪伴国王前往神庙，才能在神庙中参与献祭。而在阿吞神宗教中再也没有了埃及人心目中充满神圣形象的彼岸世界。

存在其他神明（在埃及之外的地方也是如此）的观念与一神信仰水火不容。阿吞神不仅是埃及的神明，他还是掌管整个世界的普遍之神。信仰多神的昔日的埃及对外邦神明和宗教持宽容态度，埃赫那吞则除了阿吞神外完全无法容忍其他神明的存在。

这位统治者下令关闭王国内所有其他神灵的庙宇。为了彻底清除人们对这些神灵的信仰，国王大肆推行破坏神像运动。一批批石匠被派往全国各地，其主要目的是要凿去令国王憎恨的阿蒙神的神像和名字，行动范围远及努比亚。破坏活动的重点是卡尔纳克的阿蒙神庙，那里极少有神名能幸免于难，就算是方尖碑上镌刻的名字也都被删除。此次破坏活动还殃及其他神明，连神明的复数写法"众神"也被删去。

国王在位第十三年后，除了一处国王在位第十六年刻于代尔贝沙（Dair al-Berscha）官方采石场的铭文，纳芙蒂蒂王后的名字就再也没有出现过。提到她名字的这处铭文几乎没有提到她当时是否还在世。

像纳芙蒂蒂这样神明般的人物死后也会被官方文献提及。她很可能是在国王统治埃及的第十三个年头离世，死后被葬在了事先准备好的阿赫塔吞东面群山中的王室石窟墓穴中。此后登上政治舞台的是埃赫那吞的一名侧妃，她是一位公主的母亲，被称为"上下埃及国王之妻及大情人基亚（Kija）"。她逐步将原属于纳芙蒂蒂的权力揽入自己之手。

对于埃赫那吞执政末期的情况，我们知之甚少。他在位第十六年时，埃及的外部局势开始变得紧张，埃及在西亚的两个盟友倒向了赫梯人的阵营。埃及因此出兵西亚以惩戒叛徒，却被赫梯国王苏庇路里乌玛一世（Suppiluliuma I）击退。随后苏庇路里乌玛一世准备入侵埃及在叙利亚北部的行省安姆卡（Amka）。在登基后第十七年的夏季，正值西亚局势恶化之时，埃赫那吞去世，根据他已被严重毁坏的墓室可以断定，死后的埃赫那吞被安葬在了阿赫塔吞的王室石窟墓穴中。

7. 一个时代的尾声

埃赫那吞没有预先指定好继承人。虽说他留下了一名男性继承人，但在这样的危急时刻，一个小孩根本不可能成为合适的统治者。于是基亚和埃赫那吞的长女梅莉塔提（Meritaton）双方开始了权力争夺。野心勃勃的基亚铤而走险，给赫梯国王苏庇路里乌玛送去了一封密信，意图以此解决王位继承问题。

人们可以从赫梯文献那里了解基亚这封书信的内容："我的夫君尼布胡鲁里亚（Nipchururia，此为埃赫那吞的树蜂衔）已死，没有给我留下子嗣。他人对我说，你有很多儿子，你若能派一名王子来我处，他便可以成为我的夫君。我不愿意选择一个仆人做丈夫。"苏庇路里乌玛国王经过了一番调查，满足了基亚的愿望，将自己的儿子扎南扎（Zannanza）派往埃及。

但与此同时，国内局势发生了变化，梅莉塔提抓住时机，将权力牢牢攥在手中。她之所以能够走上通往王位之路，可能是得到了埃及的"灰衣主教①"外祖父阿

---

① 灰衣主教，即约瑟夫神父，为法国路易十三朝一位权力极大的僧侣，此人建立起了秘密情报机关，令当时的贵族闻风丧胆。由于他身着灰色僧袍，时人称其为"灰衣主教"，后世常以

伊及其主要来自艾赫米姆的随从们支持。梅莉塔提除掉了叛徒基亚，夺走了她的宫殿和礼拜堂，并下令将正在赶往埃及的赫梯王子杀死。

由于儿子遭到谋杀，苏庇路里乌玛便发出了大举进犯埃及的信号。两国之间随后爆发的军事冲突不仅重创了米坦尼王国，还葬送了埃及在亚洲的统治地位。为了从内部维护国家的稳定，梅莉塔提嫁给了母亲纳芙蒂蒂的弟弟斯门卡拉（Semenchkare，公元前1335—公元前1332年）。斯门卡拉使用的是梅莉塔提的树蜂衔安卡赫佩鲁拉（Anchcheperure，意为"拉神具有诸多富有生命的形象"），并接受了姐姐的本名。他小心翼翼地将统治重心逐步迁回底比斯，并开始祭拜阿蒙神。

但他的统治时间很短：现存的纪念碑只记载到他在位第三年的事迹，因此可以证实他在位的时间。梅莉塔提王后似乎在斯门卡拉之前就已去世，因为斯门卡拉还在位时，埃赫那吞的第三个女儿安赫森帕顿（Anchesenpaaton）就已在政坛上崭露头角，安赫森帕顿后来以国王图坦卡吞/图坦卡蒙（Tutanchaton/Tutanchamun）之妻的身份而闻名于世。

由于国内宗教信仰混乱，外部局势动荡，斯门卡拉

___

此指代幕后掌权的大人物。

只能被草草葬在帝王谷。人们原本为埃赫那吞国王准备了一个华丽的金棺，然而埃赫那吞下葬时并未使用此棺（可能是出于宗教原因），于是人们便将斯门卡拉的木乃伊安放在了这座金棺内，埃赫那吞的名字则被小心地抹去了。而斯门卡拉使用的那批制作工艺极为精美的礼葬瓮最初是为基亚准备的。瓮上的铭文经过了细致修改，基亚的名字被完全清除了。

1907 年，英国考古学家爱德华·罗素·艾尔顿（Edward Russell Ayrton，1882—1914）发现了斯门卡拉的陵墓。大部分最重要的出土文物目前被保存于开罗博物馆。葬礼由国王图坦卡吞（意为"阿吞神活着的拓像"）主持，根据基因分析，图坦卡吞是埃赫那吞和纳芙蒂蒂所生之子。在图坦卡吞即位之前，他的名字只出现在了一块巨石上，这块巨岩采自阿赫塔吞城，后来被用在了赫尔摩波利斯。图塔卡吞被称为"国王的亲生子"。根据新近的发掘结果，人们甚至知道图坦卡吞的乳母名叫玛雅（Maïa），他的老师叫森尼杰姆（Senedjem），他和阿伊一样来自艾赫米姆。

图坦卡吞（公元前 1332—公元前 1323 年在位）即位时年龄约在七至十岁之间。通过对国王木乃伊进行医学检测，人们估算出国王去世时的年龄在十八至二十岁之间，从而根据国王去世时的年纪可以计算出他的登基年龄。

图坦卡吞的树蜂衔为尼布赫佩鲁拉（Nebcheperure，意为"诸形象之主拉"）。图坦卡吞在位期间谨慎地谋求复辟，使旧有的神明与阿吞神并立，但后者依然居于领导地位。一国的中心起先依然是阿赫塔吞，那里居住着国王与大王妻安赫森帕顿（意为"她为阿吞神而生"）。然而到了即位后的第二或第三年，仍身在阿赫塔吞的国王将自己的名字改为图坦卡蒙；王后也不再叫安赫森帕顿，而是更名为安赫森娜蒙（Anchesenamun）。过了不久，年轻的统治者离开了阿赫塔吞，将宫廷迁到了孟菲斯。不过才建于数年前的阿赫塔吞的房屋被封掉，东部山区中造好的石窟墓穴也被弃置不用。

阿赫塔吞充当埃及中心的时间很短，人们放弃这座城市肯定不是出于宗教原因，这一行为事实上凸显了外部形势的恶化。孟菲斯被选为新都城，这座城市坐落于上下埃及之间，地理位置优越，而且自公元前1550年以来这里就是军事中心。阿蒙神祭司们显然并未向国王施压，因为若真施加压力，新定的都城多半就会是阿蒙崇拜的中心底比斯。

国王在孟菲斯颁布的法令原文被记载在一块所谓的

"复辟碑"上，最终得以流传至今："正当从象岛至三角洲潟湖的众神庙宇即将被遗忘，神庙已陷入摇摇欲坠之时，陛下登上了国王之位。"人们将权力归还给昔日的神明，但没有触及阿吞神之位。

当时主要有两个人为尚未成年的图坦卡蒙制定大政方针，他们便是阿伊和哈伦海布（Haremhab），此二人后来接替图坦卡蒙登上了法老之位，成了第十八王朝最后两任国王。年岁已高的埃赫那吞岳父阿伊曾担任维齐尔，他是埃及的最高法官和行政官员。由于他长期掌握埃及的行政职能，并且他与王室关系密切，因此埃及事实上是由他掌控的，然而，他必须与更加年轻的"大元帅"兼"位居国家之首的国王代理人"哈伦海布（意为"节庆中的荷鲁斯"）共享权力。

哈伦海布的身世不明，至于他怎样以乘坐火箭般的速度一跃成为国家领袖，这一切都是个谜。因此我们也无法完全排除他就是军事统帅帕吞内姆海布（Paatonemhab，意为"节庆中的阿吞神"）的可能性，后者是埃赫那吞的宠臣，他可能在复辟时期将名字改为了哈伦海布。阿伊和哈伦海布之间的关系很难厘清，没有任何证据表明这两人最初相互倾轧，他们似乎一直相互配合、共同追寻一个政治目标。

阿伊和哈伦海布替未成年的国王做出的最重要的内政决策莫过于推行温和的复辟政策，以及放弃阿赫塔吞迁都孟菲斯。昔日的众神重获尊位，在整个埃及境内一直到努比亚地区，人们又开始热火朝天地修建庙宇献给这些神明。外交方面有大元帅哈伦海布负责守卫埃及的边境。他试图通过武力对抗入侵的赫梯人，尽可能维护埃及在亚洲仅存的一小部分昔日的特权。他可能还发动了一次赴努比亚的远征。阿伊和哈伦海布这两位摄政身边都有众多精明强干的官僚辅佐他们，但有趣的是，埃赫那吞时代的重臣只有少数几位依然身居高位。

　　需要注意的是，这一时期绝大多数重臣的陵墓都位于孟菲斯墓葬群，只有少数位于底比斯。早在哈伦海布担任军事统帅时，他就已在孟菲斯为自己修建好了陵墓。到了 19 世纪，陵墓被人发现并遭到了盗挖，在这之后很久，这处陵墓都下落不明，直到 1975 年，一支由英国和荷兰联合组建的考察队伍才在杰弗里·T. 马丁（Geoffrey T. Martin）的率领下再一次发现了该墓。哈伦海布通过墓中的铭文强调了自己在国内的地位仅次于国王。

　　图坦卡蒙在即位第十年后便死去，时年约 18 岁。由于他死时没有留下后代，所以第十八王朝就此灭亡。国王少年早逝的缘由无法确定，他很可能是死于瘟疫。

在当时的亚洲地区恰好瘟疫肆虐，疾病极有可能是由军人带回埃及的。国王木乃伊头骨上的创伤使人怀疑他曾遭遇过事故或是被谋杀身亡，但该伤口也可能是在国王的尸体被制作成木乃伊的过程中造成的。

很显然，王都被迁出阿赫塔吞后，人们短时间内无法决定王陵的新址。年轻国王死得很突然，因此人们仓皇地决定将他葬到帝王谷，哪怕王都实际上位于北方。不过每位造访帝王谷的游客都会注意到，图坦卡蒙陵墓的建筑风格与其他王陵全然不同。这座陵墓原本不是用来埋葬国王，而是阿蒙诺菲斯三世在位时为其他王室成员所准备的，只是出于一些不为人知的原因，这处陵墓没有被使用。

不是国王的人若要葬在帝王谷内，需要获得国王的允许，但这些私人墓葬的规模必须受限，并且不得进行装饰，只有国王有权享用经过装饰的陵墓。年轻国王突如其来的死讯使得人们准备不足，无法修建属于国王的陵寝，于是人们便为图坦卡蒙选择了一处逼仄的非国王用的陵墓，急匆匆地对墓室内部进行了装饰，并填入陪葬品，从而将墓室改造为王陵。我们可以基本断定墓室的装饰工作是在三个月内完成的，这恰好是国王从去世到下葬的那段时间。

1922 年，英国人霍华德·卡特发现了图坦卡蒙之墓以及全部的陪葬品，这是数个世纪以来考古学领域最为轰动的大事。

神之父阿伊是国王最年长的亲属，也是维齐尔，他认为此时正是自己篡夺法老之位的良机。他命人在图坦卡蒙的陵墓壁画中描绘了自己主持前任法老葬礼的场景，以此向世人宣告自己要求继承王位。阿伊（公元前1323—公元前 1319 年在位）选取的树蜂衔为赫佩赫佩鲁拉（Chepercheperure，意为"以形成形的拉神"）。

阿伊篡位时，与他共同执政的大元帅兼储君哈伦海布却在距离王都很远的地方，他可能在西亚卷入了与赫梯人的战争。阿伊突然即位，这种肆意妄为破坏了阿伊和哈伦海布在担任图坦卡蒙摄政时组成的统一战线。阿伊剥夺了哈伦海布的权力，将"王的秘书"纳赫特敏立为储君。此外，他还将军队的最高领导权交给了同样来自艾赫米姆的纳赫特敏。

白发苍苍的阿伊统治埃及仅四年。卡尔纳克和卢克索神庙中留下了一些他下令建造的献给阿蒙神的小型建筑，而在这一时期，阿吞神已经完全从埃及神谱中消失了。阿伊在帝王谷中的阿蒙诺菲斯三世陵寝旁，即西谷中建造了自己的陵墓。阿伊于公元前 1319 年春季去世后，军队掌控了国内大权，而哈伦海布再次成为军队的首领。他任命自己为国王，同年夏末，他在底比斯最盛大的宗教游行节庆奥佩特节（Opet-Fest）上宣布了阿蒙神对自己的感召："你是我的儿子，我的继承人，你由我的四肢中诞生。我的肢体联合起来，将王国交付与你。"

哈伦海布国王（公元前1319—公元前1292年在位）的树蜂衔为吉塞赫佩鲁拉（Djesercheperure，意为"拥有诸多神圣形象的拉"）。国王的王衔意思是："他赞同玛亚特，使两地重新崛起。"根据执政纲领，哈伦海布试图在国内建立新的法律保障，制止一直以来愈演愈烈的违法行径和妨碍司法公正的行为。违法之人要遭受酷刑。记录下这些法律条例的是一块保存得不太好的石碑，该石碑位于国王下令建造的卡尔纳克神庙第十塔门处。

哈伦海布的建筑成就主要体现在卡尔纳克神庙，该神庙在埃赫那吞改革时期损失最为惨重。哈伦海布在神庙中建成了三座大门（即塔门），并开始在第二和第三塔门之间建造一座巨大的柱厅，这座柱厅至今还令游人叹为观止。哈伦海布去世时，一条由14根纸莎草柱①组成的柱廊已经完工，这些立柱高21米，构成了柱厅的

---

① Papyrussäule，一种在古埃及时期流行的柱式，柱头上绘有纸莎草图案，象征绿色和繁荣。

中殿。国王还在卢克索神庙内建了一条柱廊，并在努比亚建成了贾巴尔-西尔西拉（Gebel Silsile）石窟神庙。

此外，他也曾在孟菲斯大兴土木。哈伦海布将底比斯西面的阿伊国王的亡灵庙据为己有，并对其进行了改造和扩建。他在帝王谷的陵寝装饰有精美的浮雕，墓中的壁画描绘的并非《来世之书》，而是一部全新的地狱之书，即《彼岸大门之书》（*Buch von den Pforten des Jenseits*），该书很可能是阿蒙诺菲斯三世宫中一位神学家所作，首次在哈伦海布之墓中得到使用。阿玛纳众王（如今阿伊也是他们中的一员）被施加了除忆诅咒。埃赫那吞及他的三位继承人的名字被人从王表上抹去，这样一来，统治世系就从阿蒙诺菲斯三世直接过渡到了哈伦海布。

需要注意的是，自埃赫那吞时代起，军队便逐渐成为国家的支柱。人们在军队中比在官僚体制内更容易获得升迁。哈伦海布国王将曾在前线作战的军官安排到了空缺出来或新设立的祭司职位上：比如要塞司令帕伦海布（Paremhab）获得了赫里奥波里斯的太阳神拉的大祭司之职，而在一组现藏于都灵埃及博物馆的群像上国王记录称，自己将一批在军中表现出色的人任命为国内不同神庙中的清洁祭司和朗读祭司。

在对外政策方面，哈伦海布的统治时期局势较为稳定。赫梯国王苏庇路里乌玛感染瘟疫去世后（国王的儿子兼继承人也于一年后被瘟疫夺去了生命），埃及在亚洲的前线虽说谈不上安然无虞，但也出现了明显的缓和。

哈伦海布在位期间，一个名叫帕拉美西斯（Paramses，意为"生下他的是那位拉神"）的男子的崛起之势无人能挡。他在军队中的履历十分光鲜，帕拉美西斯出身军官家族，该家族可能来自法尤姆地区的古罗布（Gurob）。帕拉美西斯的父亲塞提身居高位，官至军队指挥。

帕拉美西斯可能生于公元前1360年，后来参军，他与父亲一样起先担任军队指挥，后来升任西勒（该城位于三角洲东北边境）要塞司令，又成为战车部队的总指挥，爬上了军队等级中的最高位置，而当时的哈伦海布还是大元帅。没有子嗣的哈伦海布立帕拉美西斯为储君、维齐尔以及自己在上下埃及的代理人，并极有可能在统治的最后几年里让帕拉美西斯与自己共同执政。帕拉美西斯以维齐尔的身份在家乡古罗布为自己修建了陵寝。其子塞提 [Sethos，此名为希腊化形式，埃及语本名为"苏提"（Suti），意为"赛特神的人"] 与祖父同名，同样从军队起家，并和父亲一样，从军队指挥官升任堡垒司令，再坐上了战车部队总指挥之位。

帕拉美西斯娶了一名高级军官之女图雅（Tuia），图雅为他生了一儿一女。女儿被命名为提雅（Tia），儿子则按照惯例获得了祖父的名字，只不过使用的是更为简短的形式：人们将定冠词"帕"省去，给孩子取名为拉美西斯（Ramses，意为"生下他的是拉神"）。

　　哈伦海布统治埃及多年后，于公元前1292年去世，随后帕拉美西斯登上了埃及王位，号拉美西斯一世，建立了第十九王朝。其子塞提则接任了维齐尔之职以及父亲曾出任过的所有职位。

五
拉美西斯时代

1. 万象更新

拉美西斯一世（公元前 1292—公元前 1290 年在位）登基时年事已高，他选择的王衔名与第十八王朝的缔造者雅赫摩斯国王的非常类似，即门帕提拉（Menpehtire，意为"具有永恒力量的拉"）。这个头衔表明他意图和新王国的第一位统治者一样，建立一个属于自己的全新时代。他接过了哈伦海布的权柄，然而他在位时间过短，没能留下多少遗迹。

拉美西斯一世死后，他的王位终于直接落到了儿子头上，继承人以塞提一世（Sethos I，公元前 1290—公元前 1279 年在位）为号，登上了法老之位。与父亲相比，塞提一世的王衔名更加明确地强调了新的开端。他选择了孟玛亚特拉（Menmaatre，意为"拉神令玛亚特永驻"）作为自己的树蜂衔，而他选择的两夫人衔则表达了"万象更新"的理念。这个名称反映了当时的一个历史事件：塞提在位期间，或是在他登基前不久，尼罗河泛滥且天狼星的偕日升那天与埃及新年恰好是同一天。这一天文现象每 1461 年才会发生一次，它似乎是在以一种特殊的方式标志着万物的全新开端。

塞提一世着手进行的"万象更新"中一项重要内容就是与渎神者和众神之敌埃赫那吞决裂，一首塞提一世时期的赞歌这样唱："哦，阿蒙神，那误解你的人的太阳已经陨落……"大批石匠得到委托，重新修复神庙和纪念碑上被凿去的众神之名。

国王对自己死去的父亲拉美西斯一世表现出了极大的热爱及重视。他在自己位于底比斯西面巨大的亡灵庙中也为拉美西斯一世准备了亡灵祭祀的场所，此外他还在奥西里斯的圣所阿比多斯建造了一座小型神庙献给父亲，并在那里的一座碑上记录下了父亲的美德，使之永垂不朽。

除底比斯外，阿比多斯也是塞提一世进行建筑活动的重点场所。他在那里建造的大型神庙以及神庙背后那座仿建的奥西里斯之墓是古埃及人留下的最精美动人的建筑杰作之一。

塞提一世刚一即位便开始命人在帝王谷中建造一座"陵墓宫殿"，这座陵墓的建筑结构和装饰风格与前人的石窟墓穴大不相同。塞提一世的墓穴不仅是底比斯西面王室墓葬群中最长和最深的一处，它还有着色彩鲜艳的浮雕和一整块绘有精美壁画的天花板，天花板从入口处一直延伸至棺室的后墙，这种现象在埃及的墓葬史上是首次出现。浮雕则描绘了众多国王向众神祈祷或献祭的场景，此外还包含一些配有图画的文字，其中两部地狱之书《来世之书》和《彼岸之书》，对已故统治者在冥府的生活有着重要意义。

登基第一年，塞提国王便初次率大军出征，军队各军团分别以埃及的大神阿蒙、拉、普塔和赛特为名。卡尔纳克大柱厅北面外墙上的几幅浮雕画描绘了此次战争的场景，该柱厅由塞提一世建造完成，是宏伟的阿蒙神庙内部一座独立的神庙。此次出征始于西勒堡垒，塞提的父亲拉美西斯曾担任过那里的司令官。

柱厅北墙位于东面的浮雕画最下方描绘了一条军用通道，国王的军队正在这条道路上行进。军队跨越了一处河道（该河道大约位于今天的苏伊士运河所在地带）后，又穿过了西奈的沙漠，沙漠中有行军驿站，那里有埃及军队驻守的水井，为军队提供必需的水源。若想占领"迦南地"（Pa-Kanaan，即加沙地带），埃及军队首先必须镇压萨苏-贝都因人的叛乱，这些贝都因人不断在巴勒斯坦南部挑起事端。

塞提还发动了另一场战争，其结果是埃及重新占领了城邦国家卡叠什，并入侵了亚摩利（Amurru）。

在尼罗河三角洲西面，塞提一世则要抵御柏柏尔人和利比亚人对埃及的入侵，这些人威胁到了首都孟菲斯。国王在位第八年，恰好他在底比斯逗留期间，突然收到了努比亚叛乱的消息。塞提立刻出发前往南部。后来，他成功地同库施总督阿门内莫普及其麾下的军队剿灭了叛军。

统治初期，国王曾立一名叫作美伊（Mehi）的军官为王储,后来他又将自己的儿子拉美西斯立为继承人（美伊在那时可能已经去世）。塞提一世于公元前1279年去世，享年45岁，在他离世时，埃及的疆域又一次横跨努比亚至西亚之间的辽阔地带。

2. 拉美西斯二世和外交的艺术

公元前1279年5月，首都孟菲斯举行了一系列庆典，以庆祝新国王登基。拉美西斯二世（Ramses II，公元前1279—公元前1213年在位）当时刚满20岁，但他已经有了多名子女；他的两位妻子妮菲塔莉（Nefertari）和伊西斯诺弗瑞特（Isisnofret）都拥有"大王妻"的头衔。拉美西斯二世选取的树蜂衔为乌瑟玛亚特拉·塞特潘拉（Usermaatre setepenre，意为"富有玛亚特的拉神，拉所遴选之人"）。

即位第一年，国王参加了底比斯的欧佩特节，并与塞提一世任命的上埃及维齐尔帕赛尔（Paser）商讨了自己在底比斯地区的施工计划。拉美西斯二世打算在底比斯西面修建一座大型庙宇以供奉自己的亡灵，在庙宇附近还要再修建一座王宫。

这座建筑现以"拉美西姆"（Ramesseum）之名为我们所知，如今还有一部分建筑残存。对于阿蒙诺菲斯三世的杰作卢克索神庙，拉美西斯计划对其进行一番大规模改动。一条游行步道将这处名为"阿蒙神的南部后宫"的神庙与位于北边三千米处的卡尔纳克神庙群相连。拉美西斯还想建造一座柱厅，其规模应当超过阿蒙诺菲斯三世所建的柱厅，并配上宏伟的大门。塔门前方应有六座统治者的巨像，外加两座用阿斯旺花岗岩制成的方尖碑。

即位第四年，拉美西斯二世首次向著名的苏庇路里乌玛之孙赫梯国王穆瓦塔里（Muwatallis）发起挑战，出征亚洲。他率领一支军队沿巴勒斯坦海岸线来到位于贝鲁特（Beirut）北部的凯勒卜河河畔（Nahr el-Kelb，意为"狗河"）。战争进行得很顺利，本特西拿国王（Bentesina）统治的小国亚摩利被并入了埃及。公元前1274年4月，即拉美西斯登基后第五年，他越过了埃及在西勒的边境，以重新占领父亲塞提一世曾一度接管，后来又落入赫梯人之手的卡叠什城。

埃及军队约有两万名士兵，分为四个军团。埃及军队首先沿古老的海岸线一直向北进发，到达沙龙平原（Ebene von Sharon）。在那里，由一小部分士兵组成的一支作战部队与大军分道而行，继续沿着海岸线前往厄娄特洛（Eleutherus）河口，从西面进攻卡叠什，而拉美西斯则率大部队经陆路朝卡叠什进发。一个月后，军队到达了一处高地，从那里可以遥望到距此地25千米的卡叠什城，该城位于流向北方的奥龙特斯河 [Orontes，又称阿西河（Nahr el-Asi）] 干流及该河的一条小支流之间。卡叠什城具有很重要的战略意义，因为任何一支南北向行军的军队若想避开巴勒斯坦海岸，就必须穿过这处位于黎巴嫩山脉和前黎巴嫩山脉（Antilibanon）之间的高地山谷。小国亚摩利被攻占，此外，还有埃及人在巴勒斯坦和叙利亚的军事活动，这一切促使赫梯国王穆瓦塔里着手组建一支由各国同盟组成的四万人的大军前去迎战拉美西斯二世的军队。

埃及文献和赫梯文献都为我们提供了关于这场爆发于卡叠什城外的战役的信息，我们可以说，从未有过任何一场古代战役会像这次一样，每一个单独的阶段都那么为人所熟知。埃及军队从奥龙特斯河东岸进攻，拉美西斯二世率领的指挥部打头阵，后方是第一军团阿蒙军团，随后每隔 10 千米的距离便是拉、普塔和赛特这三支军团。国王未等候跟随在后方的军团，便从一处浅滩横渡了奥龙特斯河。

两名被俘的贝都因人告知国王，赫梯君主率军队驻扎在了 200 多千米外的阿勒颇。得知了这一令人兴奋的消息后，拉美西斯便率指挥部和阿蒙军团向北方进发，渡过了奥龙特斯河的小支流，在卡叠什西北面安营扎寨。

然而，正当拉美西斯二世与将领们议事时，敌人进攻了：赫梯军队在穆瓦塔里的弟弟哈图西里（Hattusilis）

的率领下渡过了卡叠什南面的一处浅滩，袭击了已横渡奥龙特斯河的拉军团。拉军团的埃及士兵四散奔逃。现在，赫梯人包围了埃及营地，拉美西斯二世面临的是灾难性的局面：他本人、他的近卫军以及阿蒙军团都被重重围住，拉军团正在溃逃，普塔军团还远在后方，正忙于横渡奥龙特斯河，而赛特军团还要滞后，他们对现状一无所知，还在拉布维（Labwi）的森林中穿行。拉美西斯二世和身边忠诚的士兵只得艰难地抗击着赫梯战车部队的进攻，哈图西里也认为胜券在握，可就在最后关头，从西边冒出了一支埃及的精锐部队，这就是那支沿着巴勒斯坦海岸线行进的队伍。虽说这支部队已无力扭转战局，但他们成功地将国王从绝望的境地中毫发无损地解救了出来。

埃及人只得赶紧逃命。哈图西里显然只满足于突然袭击，他没有追赶逃兵，而是率领部队返回了奥龙特斯河东岸。在随后降临的夜幕的掩护下，拉美西斯二世召集了受到重创的阿蒙军团和拉军团，同未参与卡叠什战役的普塔军团和赛特军团会师，他们重整队伍，踏上归途。小国亚摩利则再一次投靠了赫梯人。穆瓦塔里罢黜了本特西拿国王，重新任命了一位统治者。

埃及人在一则配有插图的战争记事和一首长诗中将

卡叠什惨败美化成了拉美西斯国王的一次伟大胜利，该长诗描写了被军队抛弃的国王之苦，他必须直面力量远胜于己的敌人。而这些记载对于军队将领们的形象极为不利，高级军官们的无能被无情地揭露了，军队在国内明显失去了影响力。

这场战役传递出了埃及军事羸弱的信号，受此次战役影响，曾对埃及负有贡赋的南叙利亚城邦认为此时正是摆脱埃及，走向独立自主的大好时机。他们立刻停止向埃及进贡。拉美西斯二世显然不能坐视不理，于是在登基后的第七或第八年，他率领军队再一次出征。首先他夺回了南巴勒斯坦重要的海港城市亚实基伦 (Askalon)，接着他又穿过加利利 (Galiläa)，横渡约旦河 (Jordan)，侵入了死海另一边新成立的王国摩押 (Moab)，该国兴起于约旦河东岸地区。

此次大规模战争基本没有受到赫梯人过多的抵抗，这是因为拉美西斯的对手穆瓦塔里国王当时恰好在赫梯人的首都哈图沙 [Hattusa，位于今天安纳托利亚 (Anatolien) 的博阿兹考伊 (Bogazköy)] 去世。穆瓦塔里的私生子乌尔希泰舒普 (Urhitesup) 和叔父哈图西里之间爆发了王位争夺战，这使得赫梯王国内部统治力量十分薄弱，拉美西斯二世才得以毫无障碍地进行战争。

在随后的数次战役中，拉美西斯二世沿着巴勒斯坦海岸，又夺回了推罗（Tyros）、西顿（Sidon）、贝鲁特和朱拜勒。大约在他即位后的第十五年至二十年间，远在埃及帝国南部，已平静多年的上努比亚爆发了叛乱。随后，库施总督赫卡纳赫特（Hekanacht）率军出征，以惩戒叛乱者；陪同他的有四名王子，其中就有后来的国王麦伦普塔（Merenptah）。他们成功镇压叛乱，并俘获了七千名努比亚人。

拉美西斯二世在这些年里成就不凡，而对于赫梯王国而言，情况就变得十分艰难了。公元前1264年，赫梯王国出现了权力更替。乌尔希泰舒普国王（即穆尔西里三世）年纪尚轻，他想将叔父永远排除在国家的要职之外，然而哈图西里却奋起反抗。矛盾升级为军事冲突，最终获胜的是叔父。穆尔西里三世被放逐，他逃到了埃及宫廷，向拉美西斯请求政治避难。

哈图西里三世国王要求埃及立刻交出自己的侄子，然而拉美西斯二世拒绝了，不过此时的他尽力谋求通过外交途径调解两国之间持续多年的敌对关系。于是拉美西斯二世和哈图西里三世决定，未来将通过和平的方式解决一切争端。又过了数年，两国之间缔结了一部极为重要的条约，这是已知人类历史上两个大国所签订的第一部国家间的和约。两个不同版本和约的发现是考古学史上的重大时刻。卡尔纳克一座神庙的墙壁上是用象形文字写成的埃及文版本（拉美西姆遗址中也有该文本的残篇），而在地中海另一端的哈图沙遗址中，人们发现了两块写有赫梯文的泥板，这种文字是用巴比伦的楔形文字写成。和约上标注的时间是公元前1259年11月21日，即拉美西斯二世在位的第二十一年。

和约的前言提到了两位缔结和约的国王的名字，他们被置于平等的地位。接着是有关盟誓的几个条款，条约确定双方的盟誓在缔约君主死后也具有效力。根据盟誓，双方皆有义务在对方遭到第三国进攻时，或国内出现暴动时施以援手。协约还对政治难民问题做出了规定，并附加了引渡条款。引渡条款规定，寻求庇护者在被遣返回国后不得再受到迫害。这个盟约在当时可以说是具有革命性的意义，即使是在今天也依然令人惊叹，它确实在两位国王死后还具有效力，直至赫梯王国灭亡。

埃及人与赫梯人新缔结的友谊还体现在他们写给对方的祝词和互赠的礼物上。除此之外，拉美西斯二世还在登基后的第三十四年迎娶了赫梯国王的女儿，此女在埃及被称为玛特妮斐鲁丽（Maathornefrure），她被国王立为大王妻。后来还有一位赫梯公主嫁入了国王的后宫。

拉美西斯二世最伟大的一项功绩是建立了培尔-拉美西斯城（Piramesse，意为"拉美西斯之家"），该城坐落于尼罗河三角洲东部，差不多在埃及的东北部边境处。培尔-拉美西斯将古老的阿瓦里斯纳入了新城的辖区，具体位置在尼罗河的贝鲁西亚（Pelusium）支流东岸，占地面积为10平方千米。拉美西斯二世在位第十年，此城成了埃及的首都。

当人们游历埃及时，会反复看见拉美西斯二世拥有的建筑，即使是最匆忙的过客，也会将拉美西斯二世与某些特定的建筑杰作联系在一起。拉美西斯二世的建筑和造型艺术的规模都极为宏大。始于国王即位后第二十一年，漫长的和平期从经济和人力上为纪念性建筑物的修建提供了最佳的契机。

从尼罗河三角洲，一直到昔日埃及的核心区域阿斯旺，国王奠基、扩建和建成了那样多的庙宇，人们要想一一列举，免不了要做一张长长的清单。拉美西斯不仅在埃及的核心地区大兴土木，他还把建筑物修到了小亚细亚，而努比亚的施工活动尤为重要。

保存下来的拉美西斯二世时期最重要的建筑可能就是阿布辛贝的两座巨大的石窟神庙了。这两座神庙全部是从山岩中凿出。较大的那座神庙被献给了普塔神、阿蒙神、神格化的拉美西斯二世国王和太阳神拉。人们在大门入口的位置从岩壁上凿出了一个阶梯状的基座，基座上矗立着四座用岩石雕刻而成的精美的国王坐像，每座雕像高 22 米，守卫着神庙的入口。

北边的一面砖墙上有一扇石门与第二座神庙相连，这座神庙被献给了女神哈托尔和王后妮菲塔莉。国王最宠爱的这位妻子死于他在位第二十六年，她被安葬在王后谷，她的陵寝直到今天依然是那里最为华美的墓葬。

恢宏的阿布辛贝神庙是人类历史上最重要的建筑杰作之一，但阿斯旺大坝的修建使它陷入了危险的境地，甚至可能会永远消失在纳赛尔湖的水底。于是，联合国教科文组织发起了一次史无前例的抢救行动，神庙被整体抬高了 64 米，朝内陆方向后移了 180 米，这才最终逃过一劫。

在拉美西斯二世众多的儿子中，卡姆维舍特（Chaemwese）的名气远胜于其他兄弟。不是因为他担任了军队或政坛的要职，而是因为他选择了一条作为神学家和历史学家的职业发展道路，并产生了一定的影响。王子担任了孟菲斯的普塔神高级祭司，在他的领导下，这座古老的王都逐渐成为为重要的宗教中心。王子还对历史怀有极大的兴趣，不断地发展着自己在这方面的爱好。他曾在萨卡拉打开了一些已经倒塌的法老陵墓并仔细地进行了研究。对于已经遭到毁坏的陵墓，他命人精心修缮。正是因为王子在考古方面的影响，使得他在后世获得了伟大的魔法师之名。甚至还有一部以王子为主人公的系列小说流传至今。国王在位第五十二年，卡姆维舍特被立为王储，然而他却在三年后去世了。

拉美西斯二世即位三十年后庆祝了自己的首次登基纪念日，主持庆典的是他的儿子卡姆维舍特。在拉美西斯漫长的统治岁月里，这类的赛德节庆后来又举行了十三次，只是每次的间隔时间越来越短。

公元前 1213 年 8 月，在统治埃及六十六年又两个月后，白发苍苍、重病缠身的国王在培尔–拉美西斯城的宫中去世。伴随着他的死亡，埃及光荣而和平的时代终结了。无论是过去还是将来，都再也没有一位法老能像拉美西斯二世那样影响自己的时代。已故的国王被送往底比斯，葬在了帝王谷中早已为他准备好的陵寝内。

有一种流行的观点认为，在拉美西斯二世统治时期，以色列的子民逃出了埃及，正因为如此，这位国王成了犹太及基督教历史中压迫民众的法老。不过这一观点在历史上站不住脚，它只是一则故事而已。

3. 从麦伦普塔国王到赛特纳赫特国王

麦伦普塔（意为"普塔神所爱之人"）是拉美西斯二世的第十三子，在卡姆维舍特死后，他便成了王储，并于公元前 1213 年 8 月登上法老之位。在他九十岁高龄的父亲尚未去世时，他就已经开始处理政务，并意识到埃及国内正在酝酿着一场政治上的大灾难。埃及人的盟友赫梯人正在遭受饥荒，所以根据双方签订的和约，埃及必须提供粮食支援。

与此同时，库施和巴勒斯坦也发生了暴乱。于是在麦伦普塔登基后的第三年至第五年，他出征讨伐亚实基伦和基色（Gezer）两城以及非城邦组织以色列。我们能从"以色列石碑①"上见到此次战争的相关记载，并且这里出现了唯一一处"以色列"的埃及语名称。文献的结尾这样写道："利比亚被毁，赫梯国安定，迦南遭到大肆洗劫；亚实基伦被掳走，基色被抓住，雅罗安（Jenoam）被夷为平地；以色列惨遭蹂躏，其种无存，叙利亚成了寡妇，可埃及所纳。四境统一，和平降临。"

然而一些海上民族的迁徙活动使得埃及陷入了极为

① 现存于开罗博物馆，一般称麦伦普塔石碑。

艰险的境地，这些民族来自巴尔干、爱琴海和小亚细亚。这些人从黑海沿岸出发，散落到整个地中海和北非地区，以便寻找新的居住地。在这来势汹汹的多民族群体中有图尔沙人[①]［这是否就是伊特拉斯坎人（Etrusker）？］、卢卡人［Luka，即吕基亚人（Lyker）］和施尔登人（Scherden），后来的撒丁（Sardinien）就因施尔登人而得名。登基第五年后，国王不得不派出军队攻打利比亚，而利比亚人则在君主马里雅乌伊（Marijaui）的率领下与一支海上民族军团一同入侵下埃及西部。双方在三角洲地区进行了长达六个小时的激战，入侵者被打败，卡尔纳克神庙中的铭文记载了此事。可是第二批"海上民族"还要更加危险：迁徙的浪潮席卷了土耳其，将赫梯人的王国从这个世界上抹去。这样一来，地缘政治结构就发生了改变，埃及失去了北方的盟友。这也影响了埃及的国内局势：粮食价格明显上涨，从而导致了民众生活成本的增加。

可就在这样一个乱世，国王还是没有停下自己大兴土木的步伐。虽说培尔-拉美西斯依然是政治中心，但麦伦普塔却喜爱居住在孟菲斯。因此这座古老的都城是他施工的重点地区：他建起了一座宫殿，还为普塔神建

---

① Turscha，英文中称 Teresh，可译为特雷什人。

造了一座神庙。而他在底比斯的纪念碑遗迹相对较少；他的建筑活动完全集中于自己在帝王谷的陵墓，这座墓葬的建筑和装饰风格堪称后世国王墓葬的榜样。

麦伦普塔在位期间诞生了大量的文学作品，其中有童话、叙事作品和赞歌，此外，还有人虚构了一些书信用于指导学生改善自己的写作风格。

公元前 1203 年，即国王登基后的第十年，麦伦普塔去世，死时年逾六十。他被安葬在帝王谷的陵墓中，但出于安全原因，他的木乃伊被转移到了阿蒙诺菲斯二世陵墓的藏匿处。

麦伦普塔的王储塞提二世（公元前 1203—公元前 1196 年在位）紧接着登上了王位。可是，一名王室近亲阴谋推翻国王，他的名字叫阿蒙梅斯（Amenmesse，意思是创造他的人是阿蒙神），确切生平不详。由于，此人占领了上埃及，塞提二世在长达两年的时间里失去了对上埃及的控制。阿蒙梅斯死后(他很可能未得善终)，塞提二世重新夺回了对上埃及的统治权。他将阿蒙梅斯的纪念物据为己有，并加以破坏，又命人将这名叛徒在帝王谷陵墓上的浮雕和铭文都一一铲除干净。

由塞提二世建造的工程只有极少数保存了下来，其中就有在卡尔纳克献给阿蒙神、姆特神和孔斯神的泊船处和位于第一塔门前的一座小型方尖碑。塞提二世时期还具有重要的文学意义：国库书吏埃内纳（Enene）于国王在位第一年将《两兄弟的故事》写在了一份莎草纸上 [《多比内纸草》（*Papyrus d'Orbiney*），现藏于大英博物馆]，这是古埃及时期最重要的童话。

塞提二世死在了培尔-拉美西斯，继承王位的是他年仅十四岁的儿子西普塔（Siptah，公元前 1196—公元前 1190 年在位，意为"普塔神之子"），是一位叙利亚侧妃所生之子，他主持了父亲在帝王谷的葬礼。塞提二世的大王妻塔沃斯塔（Tausret）担任摄政。但实际上执掌大权的是来自叙利亚的宰相兼财政大臣巴伊（Baj），他曾是王室书吏，塞提二世在位时期就被委以重任。众多纪念碑描绘了他与年轻的统治者在一起的画面，他在铭文中称自己为事实上的统治者。

西普塔在位第一年任命了塞梯（Sethi）为努比亚新总督，与此同时，人们开始在帝王谷为国王建造陵墓。宰相巴伊也在那里建造了自己的陵墓。国王患有小儿麻痹症，在继位后第六年便死去。他的陵墓和亡灵庙都没能完成，后来他的木乃伊被存放了阿蒙诺菲斯二世墓中的藏匿处。

权倾朝野的巴伊宰相则早已失去民心，因此人们将他处决。于是塔沃斯塔（意为"强大的女子"）打算像哈特谢普苏特那样夺取王位。塞提二世在世时塔沃斯塔就有资格在帝王谷拥有自己的陵墓，摄政后，她重建陵墓，最后还以执政女王的身份为自己的陵墓添加了国王墓葬应有的元素。西普塔的在位时间被塔沃斯塔算在了自己头上，国王死后，她又独自统治埃及一年半。然而此时埃及国内的局势急剧恶化，彼此侵犯和强取豪夺成了家常便饭。《哈里斯大纸莎草书》（*Papyrus Harris I*，现藏于大英博物馆）和一座来自象岛的石碑都有相应记载，称连众神都得不到祭品。

就在这时，身世不明的赛特纳赫特（Sethnacht，意为"赛特神胜利"）崛起，他声称自己是太阳神亲自遴选的国王，目的是重建国家的正义和秩序。塔沃斯塔女王与他进行了为期一年多的斗争，最后死去，赛特纳赫特成为第十九王朝最后一位君主。赛特纳赫特国王（公元前1186—公元前1184年在位）建立了第二十王朝，并对女王的纪念遗迹予以毁灭。塔沃斯塔的尸体被人从帝王谷的墓中移走后，其墓穴被改建，以供新统治者使用。墓中的铭文被修改，写上了赛特纳赫特的名字。

4. 杰出的统治者拉美西斯三世

赛特纳赫特之子拉美西斯三世（Ramses III）于公元前 1184 年 3 月登上王位，树蜂衔为乌瑟玛亚特拉·梅利阿蒙（Usermaatre meriamun，意为"富有玛亚特的拉神，阿蒙神所爱的人"）。新国王处处学习伟大的拉美西斯二世，选择王衔名时也以偶像为榜样。

拉美西斯三世即位后的最初四年相对平静，他也试图让国家内部秩序重新得到稳固。然而从外部局势上看，整个地中海地区因海上民族的迁徙活动而陷入动荡和崩溃。国王登基第五年后，与海上民族部落结盟的利比亚人开始进攻尼罗河三角洲西部。

在拉美西斯三世的领导下，军队击溃了入侵者，然而到他在位第八年，海上民族又在叙利亚对埃及虎视眈眈，其中就有《伊利亚特》中的达奈人（Danaer）、《圣经》中的非利士人（Philister）和透克洛伊人（Teukrer）。在《哈里斯大纸莎草书》内包含的工作报告中，拉美西斯三世这样谈到这些部落联盟："没有任何国家能够抵御他们的武力。"拉美西斯三世在哈布城（Medinet Habu）内的亡灵庙中的壁画和铭文生动地描绘了这场战争。威胁到埃及的绝非是一场普通的战争：这是一个个寻找新家园的部族，他们拖儿带女，赶着牛车，全部家当和掠来的战利品在车上堆成了山。这些人孤注一掷，浩浩荡荡地从海上涌入尼罗河流域。等待他们的是一支庞大的船队陈兵海上。拉美西斯三世在边境部署好兵力，其中大部分都是雇佣军，在军中服役的有努比亚人、利比亚人和施尔登人，这些人后来在下埃及和中埃及的屯戍地定居下来。

这支军队在经历了一场血战之后将入侵者击退。然而入侵的船只又来到了尼罗河东部支流，他们在岸边严阵以待，迎战埃及弓箭手，后者则万箭齐发，火力甚猛。随后，拉美西斯三世的舰队攻入敌阵，士兵抢登敌舰，取得了胜利。埃及帝国免于灭顶之灾。然而，即便埃及取得如此重大的胜利，利比亚人和梅什韦什（Meschwesch）部落在国王在位第十一年再次入侵下埃及西部，令生灵涂炭。拉美西斯三世则又一次击退他们，俘获了大批人口和牲畜。

国家的外部局势后来终于稳定下来。帝国的政治管理中心和首都依然是培尔−拉美西斯。然而连年征战已使得国库财富缩水，物价接连上涨，粮价飙升至之前的五倍，国内经济难以为继。而到了国王在位第二十八年，底比斯地区又突然出现了一批打家劫舍的利比亚人。外敌入侵和低迷的经济形势使得帝王谷的工人得不到报酬。于是在拉美西斯三世在位第二十九年发生了罢工和示威游行——是的，人们甚至可以说这是史料记载中人类历史上第一次工人罢工。贪污腐败和盗掘陵墓已是家常便饭，一名维齐尔甚至因此被免职。

从尼罗河三角洲到努比亚，国王修建的大批建筑中，排名第一位且最为精美的便是哈布城的亡灵庙。这座恢宏的建筑完工于拉美西斯三世在位第十二年。这座神庙如今保存得十分完好，就像一座城堡那样得到了很好的掩护，它在建筑形式上模仿了拉美西姆。庙宇和寝宫上有一扇特制的展示窗，国王可以站在那里让百姓瞻仰自己，外面则围有一道双层外墙。

现存的浮雕显示，国王还曾在"高门"（Hohes Tor）中与后宫嫔妃享乐。可惜我们对这位统治者的家人知之甚少。统领众多嫔妃的是大王妻伊西斯。国王的十个儿子中有四个在国王还在位时便已死去。自拉美西斯三世在位的第二十二年，与父亲同名的第五子便开始担任王储，此外，他还是埃及军队的大元帅。

拉美西斯三世在位第三十年举办了自己的第一次登基纪念仪式，可是在他在位第三十二年，一次暗杀终结了他的性命。这位多年使埃及免于外族奴役的杰出的国王，最终却成了一场后宫卑鄙阴谋的牺牲者。

侧妃蒂伊(Tij)意图让自己的儿子彭塔瓦尔(Pentawere)登上王位，便让效力于自己的廷臣行刺。后来刺客被人告发，经过多次审讯，参与者最终被判处重刑，有的是死刑，有的是自裁，还有的被处以肉刑，《都灵法律纸草》和其他几份纸草残篇给我们提供了这些信息。合法继承人成功即位，号称拉美西斯四世（Ramses IV，公元前1153—公元前1146年在位）。他将父亲埋葬在帝王谷中的一处陵墓内，而这座陵墓本由赛特纳赫特开始建造，但后来被弃置不用，因为它紧邻反王阿蒙梅斯被遗忘的坟墓。拉美西斯三世在位时进行了重新规划，该坟墓被改建成了一座新的陵寝。

5. 德尔麦迪那的工人居住区

在埃及，没有任何一处村庄聚落的保存情况能够胜过德尔麦迪那的工人村。我们对于这座村庄的部分居民了解得甚至比统治过他们的国王还要详细。这处第十八王朝初期由国王图特摩斯一世建造的聚居地坐落于底比斯西面山区的一处坡度平缓的峡谷内。曾有四十名至一百二十名技术工人携带家眷居住在这里，他们要在帝王谷为统治者修建豪华的陵墓。

环绕着村庄的是一堵被刷成白色的高大的黏土砖墙，随着工人数量的增加，这堵围墙也被不断地加长加高。房屋很小，建得也十分密集，但直到今天，人们还能够通过这些房屋看出昔日住户的社会地位。

这片聚落中保存下来的大部分是第十九和第二十王朝的遗迹。托勒密时期（公元前 300 年以后）最后一批居民将垃圾和一些自己已不再需要的拉美西斯时代祖先的日常文件扔在了位于村外的一处竖井内，该竖井形状为四边形，深 52 米，而人们至今仍无法确定它原本的用途。就这样，这里成了一座考古学家的宝藏。

今天，人们还能沿着工人们曾走过的小路前往帝王谷。这段路需要走两个小时，若是每天往返的话就太远了。因此在每个工作周期以内（为期十天），工人们会在位于帝王谷和村庄之间的一处山脊营地内过夜。只有妇女、儿童、老人、病人以及执勤的人可以留在家中。到了假期和周末，工人们便返回德尔麦迪那的家中。负责领导整个工人队伍的是维齐尔。工人们被分为两个队，即"左队"和"右队"，每队由一名工头管理，书吏记录工程进展和工人缺勤的情况，并分配薪酬。

这是一个集体，宗教在其中发挥了巨大的作用。人们向众神奉献了大量的誓愿碑，此外还立有许多神龛和小祈祷室。除了一些埃及的大神，一些当地的神明和被神化的国王阿蒙诺菲斯一世及国王的母亲雅赫摩斯-纳菲尔泰丽也受到崇拜。死者则被埋葬在距离生者很近的地方：死去村民的坟墓和用于祭奠的小祈祷室主要聚集在西面的山坡上，这些坟墓和小祈祷室装饰得十分精美，也因此而享誉世界。

许多居民的文化程度很高，其中也有妇女，她们能够读写。此处简要介绍一些具有代表性的人物生平：因出现在众多纪念碑上而闻名于世的拉摩斯（Ramose）是一位德尔麦迪那的书吏，他生于哈伦海布国王统治时期。

他的父亲阿蒙涅姆海布（Amunemheb）是一名在书吏中间传信的信差。他请求其中一名书吏，将他那机灵的儿子也培养为书吏。拉摩斯十分聪慧，年纪轻轻就已在底比斯西面的两座不同的神庙中任职。

当他三十五岁时，也就是拉美西斯二世在位第五年，他得到了一个十分光荣的职位，去德尔麦迪那担任王室墓葬群书吏。我们可以在一座碑上看到，国王和维齐尔帕赛尔在视察帝王谷陵墓的施工情况时，书吏拉摩斯也是工人的代表之一。他的笔迹优美而清晰，但由于他写下这份手稿时年事已高，字迹有些歪扭。

他与一位名叫姆特姆娅(Mutemuia)的女子成了婚。可令夫妇二人遗憾的是他们没有子女。他们多次在献给众神的誓愿碑上表达自己对孩子的渴望。拉摩斯后来发家致富,他让仆人耕种自己拥有的田地,还在墓葬群内为自己和家人修建了三座坟墓。他大约在拉美西斯二世在位的第三十八年去世。我们根据多份文献得知,拉摩斯和妻子在村中很受爱戴。

拉摩斯的学生和接班人是肯赫尔赫佩谢夫(Kenherchepeschef),他在拉美西斯二世在位第四十年就职。肯赫尔赫佩谢夫任职时约二十岁,直到他在塞提二世在位第六年去世时,他一直担任着王室墓葬群书吏这一职位。许多文献保留了他的笔迹,这些笔迹较为潦草,难以辨认。他也在村中聚敛了大量财富,但他采用的手段极为蛮横,而且有时并不合法。

例如他强迫本应该在帝王谷工作的德尔麦迪那工人为自己服务。他在当时的村民中不受待见,人们控诉他在工人中间滥用职权、贪污腐化。不过他也是一个兴趣广泛、博学多才的人,拥有丰富的藏书。在他众多的"书籍"中有一份写有数首爱情诗的纸草书,这些诗歌具有最纯粹的诗意化的表达,并且创作形式自由,极富个性:

恋人投掷套索时多么内行，可她不需要为
牲口上税！

她以长发为绳将我缠住，她的双眼将我勾
引，她的双腿将我缚住，用烙铁为我打上她的
标记。

1928年，法国考古学家成功发现了肯赫尔赫佩谢
夫的整个图书馆，这是考古领域的一个伟大发现，这座
图书馆在肯赫尔赫佩谢夫死后还被后人多次传承，在经
历了三千多年的风雨后，只受到了轻微的损坏。肯赫尔
赫佩谢夫在五十四岁的高龄时迎娶了年仅十二岁的纳乌
纳赫特（Naunachte），此女在后来的第二段婚姻里生下
了八名子女。纳乌纳赫特在遗嘱中将自己从第一位亡夫
那里继承来的遗产只留给了四个孩子，其他孩子则被她
剥夺了继承权，因为他们不关心自己的老母亲。纳乌纳
赫特的遗嘱（现存于牛津大学阿什莫林博物馆）被保存
了下来，该文件充分表明，古埃及的妇女不仅在法律上
与男子地位平等，在事实上也是如此。

与肯赫尔赫佩谢夫同时生活在德尔麦迪那的还有
帕内布（Paneb），他可能是我们所了解的德尔麦迪那

最凶悍的犯罪分子。他从一名普通的工人成长为工头，但他通向这一职位的道路却充斥着谋杀、误杀、强暴、盗墓、偷窃和行贿等罪行。有时他会率领一支犯罪团伙，在村中为非作歹，村民们只能噤若寒蝉，没有人敢反抗他。

后来，工头内布内弗尔（Nebnefer）的小儿子阿蒙纳赫特（Amunnacht）克服了自己内心的恐惧，控告了这名罪犯（写有控书的纸草书现藏于大英博物馆）。帕内布卑鄙地加害了阿蒙纳赫特的家人：他强行闯入阿蒙纳赫特的哥哥,右工头内弗尔霍特普（Neferhotep）的家，威胁要杀死他。家人的生命再也得不到保障。可是，阿蒙纳赫特的控诉没能达到目的，因为帕内布已通过行贿在最高管理层疏通了关系，所以他能够免于责罚。

内弗尔霍特普死后，他的弟弟阿蒙纳赫特并未依照惯例接替他的位置，而是被罪行累累的帕内布取代，帕内布也借此一跃成为村中最有权势的人。现在再也没有什么能够阻止这名无耻之徒了，他开始大肆盗掘陵墓。塞提二世才刚一下葬在帝王谷，他便将王陵洗劫一空。最终，该来的还是来了：他再也无法掩盖自己的罪行。在拉美西斯三世在位的第六年，时年五十多不到六十岁的帕内布被处以死刑。

在大约五百年的岁月里，这座村庄一直是在王室墓葬群工作的工人们的家。直到第二十王朝末期，帝王谷不再是皇家陵园，工人们才携带家眷离开了德尔麦迪那，他们带着自己所有的动产和工具，搬去了别处。在此之后的很长一段时间里，这座村庄都是一片荒芜。直到托勒密时代，这里才再次有了人烟。

6. 埃及的没落

拉美西斯三世的所有继任者都以"拉美西斯"为名，以向伟大的拉美西斯二世致敬，然而第二十王朝再也没能出现任何一位出类拔萃的统治者。

为了采石，拉美西斯四世进行了数次远征，根据瓦迪-哈马马特的许多石碑记载，参与人数达到了8368人。一些远征队伍则被派到西奈的绿松石矿和铜矿上。现存最重要的古迹便是拉美西斯四世在帝王谷的陵墓。

登基后第七年，拉美西斯四世去世，享年约五十。他曾在登基后第四年向奥西里斯做了一番自信得让人感到不可思议的祷告，可惜他的祷告没有被神明俯听："愿您赐予我双倍于拉美西斯二世的寿命和任期！因为我向您的神庙奉献的功绩和荣耀都更加伟大……胜于统治埃及六十七年的拉美西斯二世曾献给您的那些！"

继承拉美西斯四世王位的是他的儿子拉美西斯五世（Ramses V，公元前1146—公元前1142年在位），正是在他在位期间，纳乌纳赫特在德尔麦迪那让书吏阿蒙纳赫特那里写下了那份著名的遗嘱。

这一时期动荡不安。一份现存于都灵的纸莎草文本记载了一则"象岛丑闻"，包括象岛库努牡（Chnum）神庙所有人员在内的多人被卷入其中。具体来说出现了大规模的偷鸡摸狗、敲诈勒索和滥用职权现象。例如，一名神庙中的低等祭司在没有相关权限的情况下判处他人受重罚。人们在他的家中找到了不计其数的偷来的贵重物品。一名负责为神庙运送货物的船长贪污了5000袋粮食，这可是一笔巨额财产。

年约三十岁的拉美西斯五世因感染天花而死去。他曾为自己在帝王谷修建了一座陵墓，但这处墓葬后来被他的叔叔兼继承人拉美西斯六世（Ramses VI，公元前1142—公元前1135年在位）据为己有，并对其进行了大规模扩建，还添加了精美的装饰，这座陵墓是拉美西斯六世建造的最重要的纪念物。这位统治者模仿阿蒙诺菲斯三世的头衔，选取的树蜂衔为尼布玛亚特拉·梅利阿蒙（Nebmaatremeriamun，意为"玛亚特之主拉，阿蒙神所爱的人"）。拉美西斯六世即位后第一年年底，利比亚人入侵上埃及，他们暂时阻止了陵墓的施工，就连卡尔纳克神庙也被占领了八个月。不过国王的军队最终击退了入侵者，暂时保住了西部边境。但埃及的东部边境线只得退到三角洲地区，巴勒斯坦没能守住，只有努比亚还继续由埃及统治。

拉美西斯六世死后，继承王位的是他的儿子拉美西斯·伊特阿蒙（Ramses–Itjamun），号为拉美西斯七世（Ramses VII，公元前 1135—公元前 1129 年在位），这位国王英年早逝。接替拉美西斯七世统治埃及的是拉美西斯三世的一个儿子，号称拉美西斯八世（Ramses VIII，公元前 1129—公元前 1127 年在位）。我们从德尔麦迪那的工人村庄了解到，这一时期的埃及粮价上涨，出现了经济危机。

拉美西斯九世（Ramses IX，公元前 1127—公元前 1109 年在位）是拉美西斯三世的孙子。他在位的时候，原本守卫森严的王室墓葬群不再安全，犯罪团伙在帝王谷大肆洗劫王陵和私人墓葬，官员和祭司们都拿了封口费。拉美西斯九世登基后的第十六年和第十七年，有一个调查委员会前往底比斯；犯人被逮捕；有大量庭审记录被保存了下来，从中我们可以得知关于后续审判的信息（资料现存于大英博物馆）。

在拉美西斯九世留下的建筑文物中，他那座位于帝王谷的长达 86 米的陵寝最负盛名。他于公元前 1109 年去世，死后被安葬在那里，即位的是他的儿子阿蒙赫尔赫佩谢夫（Amunherchepeschef），号称拉美西斯十世（Ramses X，公元前 1108—公元前 1099 年在世）。

人们对这位国王知之甚少，关于他在位时的所有信息都来自德尔麦迪那的工人聚居区，在那里，参与修建新王陵的工人人数锐减，只有 32 名。工程常常一停就是许久，因为国内经济已濒临崩溃。修建王陵的工人工资遭到拖欠，有时甚至根本发不出来。所以，施工队伍中开始发生骚乱，工人们进行了示威游行，一直冲到了管理机关驻地拉美西姆。其中两名工人喊出了口号："该让维齐尔自己来扛木头！"（工人日记现藏于都灵博物馆）可是，工人们响亮的控诉没能被听到，因为国王和负责德尔麦迪那的维齐尔远在尼罗河三角洲地区。

拉美西斯十世在即位后第九年去世，死后没有被葬在帝王谷，而是很可能被葬在了培尔–拉美西斯一处庙宇式陵墓中。病入膏肓的国家由拉美西斯十世的儿子拉美西斯十一世（Ramses XI）继承，这位不幸的国王成了第二十王朝最后一位统治者。他模仿塞提一世，选择的树蜂衔为孟玛亚特拉·塞特潘普塔（Menmaatre setepenptah，意为"拥有永恒玛亚特的拉，普塔神所遴选之人"）。

在公元前 1099 年至公元前 1070 年这漫长的统治岁月里，他不过是一名贫困的管理员。底比斯地区的经济状况越来越不稳定，盗掘王陵的现象愈演愈烈，还出现了类似内战的局面。为了重建秩序，拉美西斯十一世派出了库施总督帕内赫西（Panehesi）率领一支军团前往底比斯。

然而帕内赫西为了保障军队给养而滥用国王给予他的权力，使得阿蒙神的大祭司阿蒙霍特普大为光火，于是请求拉美西斯十一世立刻进行军事干涉。因此国王又命令将军匹安赫（Pianch）率领另一支军队前往南部，但是遭遇到了帕内赫西的顽强抵抗。拉美西斯十一世在位第十九年，匹安赫战胜并接替了对手所有的职位；帕内赫西则率领自己的军队逃往努比亚。拉美西斯十一世大肆庆祝此次胜利，就好像这是在重新开始创世一般，这一事实充分说明了国王的政治格局已经变得多么狭隘。他将自己在位的第十九年命名为"创世重现元年"。

将军匹安赫后来还接手了阿蒙霍特普的职位，从而以阿蒙神大祭司的身份成了最高的精神领袖，一直到拉美西斯十一世在位第二十八年，他都以军事独裁的手段统治底比斯地区。一批书信（现藏于柏林埃及博物馆）记载了一次草菅人命的无情审判。

　　匹安赫死后，继承所有职位的是他的女婿赫里霍尔（Herihor，意为"首领是荷鲁斯"），他可能出身于利比亚军人家庭，在匹安赫身边担任军官。拉美西斯十一世在王都培尔-拉美西斯去世，并被安葬在那里的一处庙宇式陵墓中之后，赫里霍尔获得了王位。随着赫里霍尔即位，忒拜伊斯①（Thebais）开始了长达四个世纪的神权政治时代，这一政体的基础是众神的王、阿蒙-拉神的绝对统治。神通过神谕进行统治，神谕被视为王令。神在凡间的最高代表是阿蒙神大祭司，也就是赫里霍尔及其继承人。但实际上埃及南部长期接受的是军事独裁统治。但偶尔拥有王衔的南部当权者会承认在尼罗河三角洲建立第二十一王朝的法老为最高政治领袖，因其中有些法老是南部统治者的近亲。

　　新王朝的领袖是斯门代斯（Smendes，公元前1070—公元前1044年在位）。此时的王都不再是培尔-

---

　　① 该地区受底比斯管辖。

拉美西斯，而是位于尼罗河三角洲东部的一个叫作塔尼斯（Tanis）的地方，不过迁都的原因不明。斯门代斯可能是赫里霍尔的一个儿子，他迎娶了最后一位拉美西斯国王的女儿坦特阿蒙（Tentamun），从而能够合法地建立新王朝。

这一时期诞生了一部埃及叙事文学，可惜只有残篇保存了下来（现藏于莫斯科普希金博物馆）：底比斯神庙官员温阿蒙（Wenamun）被派往黎巴嫩，为建造献给阿蒙神的船只置办所需要的木材。温阿蒙带着赫里霍尔给斯门代斯国王的书信，在塔尼斯登船，踏上了前往朱拜勒的冒险之旅。这名底比斯人的任务完成得十分不顺利，他不仅遭遇了劫匪，还被旅途中拜访的地方诸侯嘲笑、侮辱甚至虐待。可惜故事的结尾以及遗失，但这则故事清楚地说明埃及的地位已是一落千丈。

从神学上看，底比斯对新王都的宗教观产生了巨大的影响。阿蒙–拉和他的妻子姆特以及少年神孔斯是最高神祇，他们使本地的神灵退居次位。在阿蒙神庙构成的国度内，妇女扮演了极为重要的角色。最具威望的是"阿蒙神之妻"，在政治上亦是如此。和过去一样，她是神在凡间的妻子，但此时她再也不能婚配，必须终生保存处女之身。阿蒙神之妻的重要意义通过"两地的女主人"这一头衔得到表达。神妻有自己的领土和大批人民，还拥有一支军队，她要通过收养来获得继承人。

第二十一王朝时期最突出的成就体现在为死者所做的事上。人们将底比斯西部的墓葬群与不再使用的帝王谷重新规划，通过严格监管遏止了盗墓的现象。国王的陵墓被清空，木乃伊被重新安葬在了不同的藏匿点。然而迁葬并不仅仅是出于虔诚和对死者的保护，主要是因为早已被榨干的国家想要通过获取贵重的随葬品来致富。当时国王的木乃伊被藏匿了将近三千年，直到19世纪下半叶，它们才重见天日。

底比斯的祭司在代尔拜赫里为自己修建了墓地，被称为 Cachettes（意为"藏匿之所"），这处墓地为后人提供了丰富而珍贵的历史资料。曾经属于王陵特权的《彼岸之书》（此外还有《来世之书》）现在也可供非王室人群使用。第二十一王朝时期充当书写和图画载体的主要是莎草纸或木制棺材；这些东西代替了墓中缺少的墙面装饰。

在位于尼罗河三角洲的王都塔尼斯，人们会从其他地方（主要是距离不远的培尔-拉美西斯）运来中王国和新王国时期的纪念碑，并将它们安放在塔尼斯。斯门代斯死后被安葬在一座庙宇式陵墓中，在这之后接替他的还有七位本朝的统治者:阿蒙涅姆尼苏（Amenemnisu,

公元前 1044—公元前 1040 年在位)、普苏森尼斯一世（Psusennes I，公元前 1040—公元前 990 年在位)、阿蒙涅莫普（Amenemope，公元前 990—公元前 984 年在位)、长者奥索尔孔（Osorkonder Ältere，公元前 984—公元前 978 年在位)、斯阿蒙（Siamun，公元前 978—公元前 960 年在位）和普苏森尼斯二世（Psusennes II，公元前 960—公元前 945 年在位)。我们对这些统治者所知不多：他们关心的是维持现状，以保障国家内部的安全。我们主要通过《旧约》来了解这一阶段外交方面发生的大事。在这一时期，大卫王统一了以色列各部，发动了对非利士人的战争。密切关注近东局势的主要是斯阿蒙国王，他也曾进行过武力干预，并从非利士人手中夺得了基色城。

1939 年，法国考古学家皮埃尔·蒙泰（Pierre Montet）在塔尼斯阿蒙神庙的内部区域发现了多处法老陵墓，其中就有毫无损伤的普苏森尼斯一世国王陵墓。陵墓的外棺是用玫瑰色花岗岩制成，原本是打算供麦伦普塔国王使用，下一层棺椁则是以黑色花岗岩制成，它曾属于一名第十九王朝的高官。

这些棺椁包裹着一具银制的棺材，上面点缀有黄金，显得雍容华贵。早已严重腐败的木乃伊的脸上覆盖着一面做工极其精美的黄金面具。除此之外，发掘人员还发现了用于国王墓葬的数量较为可观的首饰和华丽的陪葬品。普苏森尼斯的继承人阿蒙涅莫普的陵墓也被发现。在塔尼斯发现的所有文物都被送到了开罗博物馆，今天，它们与图坦卡蒙的珍宝同属于这个文化机构中最负盛名的艺术珍品之列。

六

古埃及后期

1. 来自布巴斯提斯利比亚国王

舍顺克一世（Scheschonk I，公元前 945—公元前
924 年在位）建立了第二十二王朝。他是短暂统治过埃
及的第二十一王朝的长者奥索尔孔的侄子，是利比亚部
落梅什韦什的首领，早在数代之前，这支部落就在文
化和宗教上与埃及有了密切的关系，并在布巴斯提斯
（Bubastis）拥有大片土地。

历史学家曼内托称该王朝的统治者为"来自布巴斯
提斯的国王"。普苏森尼斯二世在位时，舍顺克获得了
军队统帅一职；一待国王死后，他便率军进入底比斯，

取得了对国家的统治权。他选取的树蜂衔是前朝建立者斯门代斯使用过的赫迪杰佩拉·塞特潘拉（Hedjcheperre setepenre，意为"具有光辉形象的拉，拉所遴选之人"）。

舍顺克一世推行的是审慎的家族政策。为了巩固王室的合法地位，他为自己的儿子奥索尔孔迎娶了普苏森尼斯二世国王的一个女儿玛亚特卡拉。诸侯国赫拉克来俄波利斯是家族产业，此时正由舍顺克的一个儿子纳米尔特 [Namilt，英文又作"尼姆罗特"（Nimlot）] 掌管。国王还将另一个儿子伊乌普特（Iupet）任命为底比斯的阿蒙神大祭司，以防止上埃及发生叛乱，同时更有力地制约埃及南部。在极富远见的舍顺克一世的英明领导下，埃及国内又重获久违的安宁。

对外政策方面，西亚地区出现了骚乱。公元前930年，以色列和犹大国王所罗门逝世后，两支犹太人部落之间开始爆发争端。这两支部落由于彼此相争而愈加衰落，于是埃及国王试图利用这一机会，以重建在西亚的统治。公元前925年年初，舍顺克一世发动了一次大规模的巴勒斯坦战争，前去攻打以色列和犹大。

他横扫整片土地，蹂躏了犹大，占领了多座守备坚固的城市，强迫犹大国王罗波安（Rehabeam）交出耶路撒冷神庙和宫殿中的财宝，以换取耶路撒冷城和城中居民的安全。接着，埃及军队继续向示剑（Sichem）、得撒（Tirza）和美吉多进发。虽然埃及这次出征取得了一系列胜利，但它依然无法在巴勒斯坦长期站稳脚跟。

借助抢夺来的战利品，埃及时隔多年后再次富裕起来，人们也可以开始实施大规模的工程计划。于是，舍顺克命儿子伊乌普特在卡尔纳克阿蒙神庙的第二塔门前建造一座巨大的柱厅，这就是所说的"布巴斯提斯厅"。在大厅南面外墙上，图文并茂地讲述了舍顺克在巴勒斯坦战争中取得的胜利。

舍顺克一世死后，接替他即位的是儿子奥索尔孔一世（Osorkon I，公元前 924—公元前 887 年在位）。他刚一即位就立刻捐赠了 27 吨的黄金和 18 吨的白银给埃及主神的庙宇。国内经济繁荣，埃及境内的所有重要城市都在大兴土木，其中最热闹的是布巴斯提斯。

奥索尔孔一世后来任命儿子塔克罗特（Takelot）为共同执政，塔克罗特则在父亲死后统治了埃及十多年。他的形象似乎有些苍白，在历史上几乎没有留下什么痕迹，他是这个王朝最没有名气的统治者。他的儿子奥索尔孔二世（Osorkon II，公元前 874—公元前 850 年在位）被证实为是一名有才干的国王，抵止住了国内出现的颓势。他仿照拉美西斯时代的榜样，选取的树蜂衔为乌瑟玛亚特拉·塞特潘阿蒙（Usermaatre Setepenamun，意为"富有玛亚特的拉，阿蒙神所遴选之人"）。

这一时期出现了一个危机：奥索尔孔二世在位第四年，国王的一名亲戚、底比斯阿蒙神大祭司哈尔希斯（Harsiese）自立为南部的统治者。奥索尔孔二世最初承认了他，直到哈尔希斯死后（公元前860年），国王才将自己的儿子们安置到底比斯、孟菲斯和塔尼斯的祭司和军队高级职位上。塔尼斯依然是国家的首都，而布巴斯提斯则一直是国王的驻地。两座城都被国王点缀以建筑。他在布巴斯提斯用玫瑰色花岗岩修建了一座宏伟的节庆大厅，在登基后的第二十二年，他在大厅里举行了登基周年庆典（赛德节）。两年后，他确立自己的儿子塔克罗特为共同执政。

从近东传来了危险的信号：亚述人入侵了叙利亚和巴勒斯坦。公元前853年，局势变得十分令人担忧，为了能够集中兵力对抗亚述人，埃及与朱拜勒、以色列及其他邻邦结成联盟。在奥龙特斯河畔爆发的卡卡（Qarqar）战役中，盟军击退了入侵者。

不久后，奥索尔孔二世去世，塔克罗特二世（Takelot II，公元前850—公元前825年在位）继承王位，他使用了舍顺克一世的树蜂衔。阿蒙神大祭司死后，国王想让自己的儿子奥索尔孔接替这一职位，然而一名底比斯叛臣试图进行阻挠，于是他发动了一场血腥的叛乱，后来被奥索尔孔王子率军镇压。

忒拜伊斯地区维持了四年的和平，但后来又再次爆发了内战，战争持续了十年。国王弥留之际，奥索尔孔大祭司的势力已极为衰微，因此他不得不放弃大祭司之职以及对埃及南部的统治权。塔克罗特二世死后，奥索尔孔没有按计划成为王位继承人，他的弟弟利用了兄长在政治上的颓势，以舍顺克三世（Scheschonk III，公元前825—公元前773年在位）为号获得了政权。

这样，埃及就变得四分五裂，被分成多个势力范围。舍顺克三世在位第八年，一名莱昂托波利斯（Leontopolis）的利比亚诸侯皮杜巴斯特（Padibastet，公元前818—公元前793年在位）自立为中埃及的统治者。他由此建立了第二十三王朝，与第二十二王朝并立。自此，底比斯人记录事件时都会使用两个国王的年号。

可是，国家还在继续瓦解，在两个王朝的夹缝中还存在过一些短命的国王。公元前725年前后，埃及的土地上曾有五名国王并立，他们统治着不同的地区。在尼罗河三角洲，塞易斯（Sais）的利比亚诸侯特弗纳赫特（Tefnacht，公元前727—公元前720年在位）建立了第二十四王朝，并与北方的小邦君主合力对抗南部的统治者。公元前10世纪在埃及南部，一个努比亚人的王国成立于尼罗河第四瀑布附近的纳帕塔，不过由于该国曾被埃及人占领了数个世纪，因此那里的人们接受了埃及的思想、文化和神祇。此时努比亚及库施国王的势力越来越大，甚至开始影响到北方直至底比斯地区。

特弗纳赫特的敌人是一支努比亚国王皮耶（Pije）的军队。这支南方军队在多场战役中取得了小规模胜利，但他们没能在对抗特弗纳赫特及其盟友的战斗中取得突破性进展。皮耶国王本人当时身在底比斯，在那里，他立刻安排当时在任的阿蒙神之妻也就是奥索尔孔三世（Osorkon III）的女儿谢佩努彼特一世（Schepenupet I）收养自己的姐妹阿蒙尼尔迪斯一世（Amenirdis I），从而将她任命为"阿蒙神之妻"。皮耶国王参加了盛大的佩特节，随后率努比亚军队向北进发，希望能最终一决胜负。

2. 法老王座上的异族统治者

皮耶是库施王朝的开创者，他起初驻扎在赫尔摩波利斯和赫拉克来俄波利斯。这两座城的诸侯向他投降后，他又继续前往北方，征服了美杜姆和伊特塔威。皮耶十分宽宏大量，让他昔日的敌人继续担任总督。起初只有一支 8000 人的孟菲斯卫戍部队在进行抵抗，后来特弗纳赫特还是请求停战。我们对媾和的过程知道得很清楚，这是因为皮耶国王在博尔戈尔山的阿蒙神庙内树立了一座记功碑（现存于开罗博物馆），碑文中的英雄史诗记述了皮耶征服特弗纳赫特的事迹。

在取得了激动人心的胜利后，皮耶回到了努比亚的故乡，以努比亚为据点，开始统治埃及南部。公元前 716 年，皮耶去世，被安葬在纳帕塔附近的库鲁（El-Kurru）金字塔陵墓中。也许他在造访伊特塔威和孟菲斯时对古王国和中王国时期的金字塔印象十分深刻，于是他也为自己修建了一座同样的陵墓。

接替皮耶继承王位的是弟弟沙巴卡（Schabaka，公元前 716 年—公元前 702 年在位）。他将政府驻地迁至北方，由此成为埃及的库施第二十五王朝的第一任国王。沙巴卡在位第二年必须抵御第二十四王朝最后一位成员，特弗纳赫特的儿子贝肯雷内夫 [Bakenrenef，又名波克霍利斯（Bokchoris）] 的进攻，因为贝肯雷内夫此时正开始向南扩张自己的势力范围。

贝肯雷内夫后来被俘，根据曼内托的说法，被俘之后他被活活烧死。另外，沙巴卡还让阿蒙尼尔迪斯一世收养了自己的侄女，皮耶的女儿谢佩努彼特二世，并于公元前710年将她立为阿蒙神之妻，通过这种方式，沙巴卡巩固了自己在底比斯的统治。

沙巴卡自认为有义务遵循埃及国王的传统，他开始在国内的宗教中心修建大批建筑，目的主要是为了赞美阿蒙神。沙巴卡将一篇拉美西斯二世时代重要的宗教文献从一张正在腐朽的莎草纸上转刻到一块石碑上，从而使它流传到后世，这就是《孟菲斯神学纪念碑》（又称《沙巴卡石》，现藏于大英博物馆）。碑记中这样写道："陛下得知这部前人的著作正在被蛀虫吞噬，便下令将此文重新……刻在石碑上。整篇原文已经无法辨读。"

沙巴卡执政十四年后去世，此后相继统治埃及的是皮耶的两个儿子舍比特库 [Schebitku，又名沙巴塔卡（Shabataka），公元前702—公元前690年在位] 和塔哈尔卡（Taharqa，公元前690—公元前664年在位）。两位国王在位期间一直饱受亚述王国的扩张侵扰。舍比特库刚一即位便立刻加入了叙利亚-巴勒斯坦联盟。然而在舍比特库在位第二年，即公元前701年，亚述国王辛那赫里布（Sanherib，公元前705—公元前681年在位）就入侵了巴勒斯坦。

在随后爆发于犹大山区的战役中，辛那赫里布获胜，埃及军队也参与了此次战斗：提姆纳（Timna）、以革伦（Ekron）和拉吉（Lachisch）等城被亚述人攻占，部分被摧毁，耶路撒冷则因为犹大国王希西家（Hiskia）同意赔款并缴纳贡赋才逃脱被毁的命运。在千钧一发之际，亚述军中爆发了一场瘟疫，阻止了亚述人入侵埃及的计划；亚述人只得踏上返回尼尼微（Ninive）的旅途。

舍比特库年纪轻轻就去世了。根据一篇碑文的记载，他的继任者塔哈尔卡在孟菲斯获得了"两地"的王冠。他是新王国终结之后，多年以来埃及最重要的建筑所有人；从尼罗河三角洲一直到努比亚都能看到他修建的纪念物。塔哈尔卡在底比斯卡尔纳克神庙前厅的第二塔门前修建了一座宏伟的亭子，如今只有一根庄严的立柱还立在原地，"它比最高的屋顶还要高。它幸存下来，撑起了埃及的夜空"，赖纳·马利亚·里尔克（Rainer Maria Rilke）曾这样歌颂这根立柱。国王的施工负责人是底比斯的民长及阿蒙神的先知，他就是门图姆哈特（Monthemhet），后来，他在第二十五王朝过渡到第二十六王朝时期发挥了重要的建设性作用。

公元前 681 年，阿萨尔哈东（Assarhaddon）接替自己遭到谋杀的父亲辛那赫里布登上了亚述王位，随后于公元前 671 年率领一支大军经西奈半岛入侵埃及。塔哈尔卡没能打胜这场战争，不久后，孟菲斯陷落。塔哈尔卡在最后关头逃往南方，但他将自己的儿子尼索努里斯（Nisuonuris）王储和一个兄弟留在了城中，二人被亚述人俘虏。阿萨尔哈东改组了下埃及的行政管理制度并给不少城市都起了亚述名字。

阿萨尔哈东刚一离开埃及，塔哈尔卡就卷土重来，重建政权。亚述人绝不能容忍此事，于是重新进攻埃及。在阿萨尔哈东的接班人亚述巴尼拔（Assurbanipal）的领导下，数支异族军队于公元前 667 年一直攻打到底比斯，使得埃及众诸侯不得不暂时臣服于亚述人。然而亚速巴尼拔刚一从埃及撤出，埃及人便又开始公开反抗占领军。亚述人对起义者毫不留情，所有为首参与暴动的诸侯都被逮捕，随后被送往尼尼微处死，此外，还有众多下埃及城邦诸侯丢了性命。最终由塞易斯统治者特弗纳赫特的一名后裔尼科（Necho）继续担任塞易斯和孟菲斯的国王（公元前 672—公元前 664 年在位），此人深刻地影响了亚述在埃及的政策。他的儿子普萨美提克（Psammetich）被任命为阿特里比斯首领。

此时的塔哈尔卡定都在遥远的纳帕塔，他于公元前 665 年立舍比特库的儿子，也就是自己的侄子塔

努特阿蒙 [Tanutamun，又名坦沃塔玛尼（Tanotamun/
Tanwetamani）] 为共同执政。

第二年，塔哈尔卡便去世；塔努特阿蒙（公元前
664—公元前656年在位）成为库施第二十五王朝最后
一名统治者。他在纳帕塔举行加冕仪式。塔努特阿蒙曾
在博尔戈尔山的一座石碑（现存于阿斯旺努比亚博物馆）
上记录了自己的一个梦境，他梦见神灵命令自己夺回埃
及，将埃及从亚述人的枷锁中解放出来。

塔努特阿蒙怀揣着狂热的使命感，投身于这项工作
中：他与士兵们一同穿越象岛和底比斯，一直攻入孟菲
斯，与亚述人沆瀣一气的国王尼科在战争中丧生。可是，
当公元前663年亚速巴尼拔派派军予以反击时，好运便远
离了塔努特阿蒙。塔努特阿蒙只得逃往南部，亚述军队
则占领了底比斯。库施人永久结束了他们在埃及的统治。

3. 第二十六王朝的复兴

亚述人将尼科的儿子普萨美提克一世（公元前664—
公元前610年在位）立为新国王，他是第二十六王朝的
建立者。为了巩固自己的权力，年轻的统治者组建了一
支劲旅，他从整个地中海地区招募雇佣兵，其中最主要

的兵源是希腊人。

普萨美提克一世与中埃及诸侯的友好与亲戚关系使得他能够在即位后第九年将底比斯并入自己的势力范围。底比斯最有权势的人依然是诸侯兼民长门图姆哈特，他是库施王朝的代表，他的任务是保证在自己的势力范围，即象岛至赫尔摩波利斯这片区域内，塔努特阿蒙依然得到承认。门图姆哈特安排在任的两名阿蒙神之妻谢佩努彼特二世和塔哈尔卡的女儿阿蒙尼尔迪斯二世（Amenirdis II）收养了普萨美提克一世的女儿尼托克丽丝。凭借这最后的一次政治行动，普萨美提克一世终于成为合法的"两地之主"。

随后几年，埃及国家经济再次获得活力，并趋于稳定。经济的普遍增长也带来了文化上的革新，虽然埃及人受到了外来影响，但他们依然秉承着先辈的伟大精神，主要以逝去已久的古王国时期的浮雕和雕塑艺术品为榜样。埃及人一方面矢志不渝地坚持传统，另一方面他们运用材料的技巧极为精湛，因此他们创作出的艺术品能于与古代的创作一较高下。

然而照耀着亚述帝国的那颗幸运星却陨落了，因为长期与巴比伦作战使亚述元气大伤。公元前653年，普萨美提克设法摆脱了对亚述的附庸状态，这就使得埃及再次回到了地中海沿岸独立国家之列。可是，斯基泰人（Skythen）、米底人（Meder）、巴比伦人和波斯人也意图破坏亚述的统治，并希望能狠狠地捞一笔。外部局势这样进展下去并不符合埃及国王的心意，于是国王在公元前616年率领一支军团与亚述人并肩作战。然而就算有埃及人的帮助也无济于事，公元前612年，尼尼微被彻底毁灭，亚述帝国瓦解。

两年后，年迈的普萨美提克一世在新首都塞易斯去世。

公元前610年夏季，普萨美提克的儿子尼科（公元前610—公元前595年在位）继承了王位。他与巴比伦陷入了鏖战，高潮是卡尔凯美什战役（公元前605年）。战败的尼科只得从叙利亚和巴勒斯坦撤退，他费尽心力才勉强保住了自己对尼罗河三角洲东部地区的管辖权。现在他试图通过改组军队来取得新的优势，同时还寄希望于海军力量。尼科的海军由希腊三桨座战船（Triremen）组建而成，招募的水手都是爱奥尼亚和腓尼基的海员。根据记载，尼科曾乘船环游过非洲。此外，他还开始在尼罗河的贝鲁西亚支流和红海之间开掘了一条运河，然而没能完成。不过，这些计划在很多年后以1869年苏伊士运河的修建为标志最终得到了实现。

尼科的儿子兼继承人普萨美提克二世（Psammetich II）仅在位六年，即公元前595至公元前589年。针对努比亚，他推行的是侵略扩张的对外政策。即位后第三年，一支埃及军队在两位军官波塔西摩托（Potasimto）和阿玛西斯（Amasis）的指挥下深入努比亚境内，直至纳帕塔。在战争中，大批努比亚人被杀，四千两百人被俘。然而新任努比亚国王阿斯佩尔塔（Aspalta）放弃了复仇，他撤离纳帕塔，迁都阿特巴拉河口上游的麦罗埃（Meroë）。

普萨美提克二世早逝，之后登上埃及王位的是他的儿子阿普里斯（Apriës，公元前589—公元前570年在位）。阿普里斯作为统治者并不那么幸运，因为他的大部分行动都以失败告终。首先他曾率一支海军和一批陆军支持犹大国王西底家（Zedekia）抵抗巴比伦的尼布甲尼撒二世（Nebukadnezar II）的自卫战争。尼布甲尼撒二世率军包围了耶路撒冷，虽然埃及的介入短时间内阻止了他的攻势，但是巴比伦军队最终于公元前586年7月占领了耶路撒冷城，并摧毁了圣殿；以色列的上层人士成了巴比伦之囚，阿普里斯则完全撤出了巴勒斯坦。

公元前571年，希腊城市昔兰尼（Kyrene）不断遭到进攻，利比亚诸侯阿地克兰（Adikran）向埃及国王求援。

同年夏季，阿普里斯派出一支远征军前往昔兰尼，他意图将该城的财富据为己有。但是希腊人给予了埃及军队毁灭性的打击。于是在返程途中，军中爆发了叛乱。国王派出了久经沙场的将军阿玛西斯重整军纪。就在这时，意想不到的事情发生了：军队宣布废黜令他们十分不满的阿普里斯，拥立阿玛西斯为王；士兵们俘虏了阿普里斯，将其关押在塞易斯，直到公元前569年初，巴比伦人在尼布甲尼撒的率领下入侵埃及，才将阿普里斯释放。这名不幸的国王在与阿玛西斯的战斗中战死沙场。

谋权篡位的阿玛西斯（公元前570—公元前526年在位）命人以国王的规格将先王阿普里斯厚葬于塞易斯。阿玛西斯推行的政策主要关注的是埃及与地中海沿岸所有国家之间的贸易。在阿玛西斯的统治下，埃及经历了一段繁荣发展时期，这一时期被视为黄金时代，永远留在了民众的记忆中。

国王与吕底亚（Lydien）国王克罗伊斯（Kroisos）和萨摩斯（Samos）国王波利克拉特斯（Polykrates）结盟，最重要的是和希腊人交好。希腊人在尼罗河三角洲的殖民地瑙克拉提斯（Naukratis）也因此获得了一定的特权。要理解阿玛西斯的结盟政策，还需要注意当时的背景，即波斯正日渐成长为一支强大的势力。

　　一百年后游历埃及的希罗多德将阿玛西斯描写为一名千杯不醉、生性欢快的草根国王，同时他也是一位足智多谋、深明大义的统治者。所有希腊人都对他评价甚高，将他看作自己的朋友。公元前 526 年底，阿玛西斯国王去世，被安葬在塞易斯的神庙附近。

　　第二十六王朝的最后一名王位继承人是阿玛西斯的儿子普萨美提克三世（Psammetich III）。早在公元前 525 年 5 月，他就已经在尼罗河三角洲东部边境的贝鲁西亚附近遭遇过"万王之王①"（Großkönig）冈比西斯（Kambyses II）率领的波斯侵略军。后来在战役中，面对兵力超出自己的敌军，埃及国王只得甘拜下风。他逃往孟菲斯，在那里被俘虏，后来他煽动埃及人暴动，最终被处以死刑。

4. 尼罗河流域的波斯与希腊统治者

　　在同一年（公元前 525 年），冈比西斯在塞易斯加冕为埃及国王，并宣布埃及成为波斯的第六个行省。他

---

　　① 意指统治其他众多君主的王，古代常用于称呼波斯帝国等近东地区的君主。

建立了埃及的第一个波斯王朝，即第二十七王朝。

冈比西斯在埃及最宠信的亲信是祭司兼御医乌迦荷瑞斯尼（Udjahorresenet），此人在阿玛西斯和普萨美提克三世在位时曾担任海军元帅。他在自己的玄武岩雕像（现存于梵蒂冈博物馆）上记载了自己的生平，后来这座雕像被哈德良皇帝（Hadrian）运到了罗马。他说，自己担任了冈比西斯的顾问，并为他挑选埃及王衔，冈比西斯则被他称为朋友和恩人。

乌迦荷瑞斯尼对波斯人的统治评价甚高，这与古希腊时期具有反波斯倾向的历史文献，特别是希罗多德对波斯人恶行的描述大相径庭，希罗多德称冈比西斯是一位残暴冷酷的统治者，他讥讽了埃及的众神，洗劫了他们的庙宇，杀死了阿匹斯神牛，还将阿玛西斯国王的木乃伊从墓中挖出，让人鞭尸，接着将其焚烧。但事实却是另一番景象：冈比西斯为公元前525年9月去世的阿匹斯神牛捐赠了一具棺椁，在塞易斯参加了一系列宗教节庆，还将一群无赖从奈斯（Neith）神庙中赶走。这一时期埃及的经济状况也较为良好。

公元前522年，冈比西斯去世，被安葬在波斯波利斯（Persepolis）附近。接替他的是大流士一世（Darius I，公元前522—公元前486年在位），大流士一世在其漫长的统治岁月里只造访过埃及一次（公元前518年），除此之外一直都由一名总督（Satrap）代行统治权。

乌迦荷瑞斯尼担任大流士在埃及的顾问。大流士一世下令将阿玛西斯在位第四十四年之后的所有法律法规进行整理并记录下来。在赫比斯（Hibis）的哈里杰绿洲（Oase El-Charge），他还为一座第二十六王朝时期壮丽的阿蒙-拉神庙添上了装饰和文字，这些文字具有极高的神学价值。此外，他又修复了国内的大批神庙。

大流士一世还重拾并完成了尼科国王在尼罗河贝鲁西亚支流和红海之间修建一条运河的计划。可惜这条运河不久后被泥沙淤积。

公元前490年，波斯帝国在马拉松战役中遭到了希腊人的重创，于是埃及人认为是时候摆脱可恶的波斯人的奴役了。大流士刚死去不久，埃及便爆发了叛乱，然而却遭到新国王薛西斯（Xerxes，公元前486—公元前465年在位）的血腥镇压。

薛西斯对待叛乱者的手段极为残酷，这更加剧了埃及民众对波斯统治的憎恶，从而为未来的多次暴动埋下了伏笔。于是在"万王之王"薛西斯遭到谋杀后，薛西斯的继承人阿尔塔薛西斯一世（Artaxerxes I，公元前465—公元前424年在位）与总督阿契美尼斯

（Achaimenes）便面临着伊纳罗斯（Inaros）王子在赫里奥波里斯发动的叛乱，后者是国王普萨美提克三世的一名后裔。塞易斯诸侯阿米尔泰乌斯（Amyrtaios）与伊纳罗斯结盟。

根据文献记载，埃及起初获得了两场军事胜利，夺取了下埃及和孟菲斯，但随后波斯人又重占上风，镇压了叛乱。伊纳罗斯被俘，随后被处决，但他仍作为自由斗士继续活在百姓的记忆中。随后到来的表面上的安宁只不过是暴风雨前的平静：大流士二世（Darius II，公元前423—公元前405年在位）登基后没多久埃及就再次爆发了一系列叛乱，这使得埃及拥有了部分自治权。最后一任波斯国王阿尔塔薛西斯二世（Artaxerxes II，公元前405—公元前359年在位）最终也没能迫使整个埃及接受自己的强权。

曾与伊纳罗斯一同尝试反抗波斯人的塞易斯诸侯阿米尔泰乌斯有一个孙子与自己同名，此人在大流士二世死后自立为王，建立了第二十八王朝。在继位后的第六年，阿米尔泰乌斯成功摆脱了波斯人的统治。公元前399年，内法阿鲁德 [Nefaarud，希腊名为尼斐利提斯（Nepherites）] 在门德斯（Mendes）夺权，他取得了王位，建立了第二十九王朝，他很可能抓住并处死了阿米尔泰乌斯。尼斐利提斯将王都从塞易斯迁到了地理位置更处于中心的门德斯，在对外政策方面，他支持正在与波斯人作战的斯巴达人。他主要在下埃及留下了一些建筑，上埃及也有部分遗迹。尼斐利提斯于公元前393年去世后，出现了长达一年的王位争夺时期，最终，谋权篡位的哈科尔 [Hakor，希腊名为阿科里斯（Achoris）] 取得了决定性的胜利，夺取了王权，并于公元前392年至公元前380年统治埃及。

对波斯人的恐惧决定了哈科尔的内政和外交政策。为了适应地中海区域经济，埃及第一次开始铸币；只有借助这种新型的支付方式，埃及才能真正留住雇佣军。并且哈科尔开始着手筹建一支海军舰队。对外方面，哈科尔试图与希腊各城邦建立联系，并于公元前389年与雅典组成联盟。

埃及国王必须一次次抵御波斯人对尼罗河三角洲的入侵。即使在这样艰难的时期，国王依然大规模地实施新建和修复计划，并在国中留下了一处处建筑。公元前380年，哈科尔去世，他的儿子尼斐利提斯二世（Nepherites II）只在王位上坐了几个月，便被尼斐利提斯一世的一名后裔纳赫特内贝夫（Nachtnebef，意为他的主人是强者）推翻，不过更为人所知的是纳赫特内贝夫的希腊化名字内克塔内布（Nektanebos）。

内克塔内布一世（公元前 380—公元前 362 年在位）建立了埃及最后一个由本族人统治的王朝（第三十王朝），该王朝发迹于尼罗河三角洲地区的城市塞本尼托斯（Sebennytos）。他在登基后第十八年开始了如火如荼的建设，修筑了一批极富艺术感的重要建筑。

然而内克塔内布一世也必须抵御波斯人的进攻，他们的军队与希腊人一同进入尼罗河三角洲，并逐渐朝着孟菲斯的方向推进。不过波斯人和希腊人彼此不和，并且尼罗河开始泛滥，将三角洲的土地变为了泥泞的沼泽，这对于埃及人而言实在是万幸，不熟悉这片土地的异族军队随后撤离。

内克塔内布一世国王的儿子杰德霍尔 [Djedhor，又名塔科斯（Tachos）] 早在父亲在世时就已担任共同执政，父亲死后，塔科斯只统治了埃及两年，即公元前 362 年至公元前 360 年。他与斯巴达国王阿格西劳斯(Agesilaos)结盟，以期能将波斯人赶出埃及西部。然而这一原本有望成功的行动却失败了，因为塔科斯在外征战时曾任命自己的兄弟担任埃及摄政，此人趁国王不在朝中时将自己的儿子纳赫特霍雷比特 [Nachthorehbit，意为"赫比特（Hebit）的荷鲁斯是强者"] 扶植为新任法老，而远在他乡前去驱逐波斯人的塔科斯最终流落到了波斯君主在苏萨（Susa）的宫廷，成了无家可归之人。

纳赫特霍雷比特国王（公元前360—公元前343年）与祖父一样，十分注重修建众神庙宇以及重建坍塌的神庙。在近十年的时间里，人们可以安然地从事建筑工作，因为波斯这架战争机器此时已显出了疲态。直到公元前343年与公元前342年之交的那个冬季，万王之王阿尔塔薛西斯三世 [Artaxerxes III，又名奥库斯（Ochos），公元前351/350年] 才成功控制住尼罗河三角洲和整个埃及：埃及再次成了波斯的一部分。最后一名埃及本族的国王内克塔内布二世只得逃往努比亚。

第二轮令人憎恶的波斯统治（被计为第三十一王朝）从公元前343年持续到公元前332年，前后十多年。在这短短的时期里共有三位"万王之王"统治埃及：又名奥库斯的阿尔塔薛西斯三世统治埃及直到公元前338年，随后是阿尔塞斯（Arses，公元前338—公元前336年在位）和大流士三世（Darius III，公元前336—公元前332年在位），在这之后，马其顿的亚历山大三世（Alexander III）走到了历史的聚光灯下，他后来获得了"亚历山大大帝"的别称。

公元前336年，亚历山大的父亲遭到谋杀，在这之后，他便开始讨伐庞大的波斯帝国。公元前 333 年，亚历山大在奇里乞亚地区（Kilikien）的城市伊苏斯 [Issos，位于土耳其伊斯肯德伦湾（Iskenderun）] 附近重创了万王之王大流士三世，并于公元前 332 年 12 月在贝鲁西亚附近跨越了埃及的边境。波斯总督将王都拱手相让，凭借这一举动，亚历山大成为埃及的新任统治者，他在孟菲斯被加冕为埃及国王。

公元前 331 年初，亚历山大沿尼罗河最西面的支流前往北方，1 月 20 日，他在法洛斯岛（Pharos）南面建立了亚历山大城（Alexandria）。在这之后，他便沿着地中海海岸前往埃及西部，来到了锡瓦绿洲（Oase Siwa）中的阿蒙神托所（Ammoneion）。在那里，众祭司将亚历山大尊为神之子和法老，并将对整个世界的统治权交给了他。

亚历山大从埃及出发前往东方，经过数次成功的战役，他占领了巴比伦、苏萨和波斯波利斯，几年后，他的帝国已远至印度河。公元前 323 年春，亚历山大返回巴比伦，6 月 10 日，他突然死在了那里。国王的意外死亡使得这个庞大的帝国立即陷入危难之中。

为了解决继承问题，军队和将领们彼此争斗不休。最终，《巴比伦分封协议》（*Reichsordnung von Babylon*）

提供了一个可行解决方案。王位继承人是亚历山大的同父异母兄弟腓力三世 [Philipp III，原名阿里达乌斯（Arrhidaios），公元前 323—公元前 317 年在位]，而他必须承认国王的遗腹子亚历山大四世（Alexander IV，公元前 317—公元前 311 年在位）为共同执政，政务则由一个三人团负责处理。腓力三世和亚历山大四世从未踏上过埃及的土地，二人后来都惨遭横死。

以总督的身份负责埃及政务的是亚历山大大帝一位最忠实的朋友及随从托勒密（Ptolemäus，意为"好战者"），他成长于腓力二世在佩拉（Pella）的宫廷。公元前 323 年，托勒密断然将已被神化的亚历山大的尸首（尸首此刻正在被运往马其顿的王室墓地）送到埃及，首先将其葬在孟菲斯，后来又迁葬在亚历山大王宫区内的陵寝中。人们至今没能找到这座陵墓。托勒密参与了瓜分庞大的亚历山大帝国，他在这一过程中扮演了主要角色。在总督的漫长任期中，他有序地将埃及扩建为一座独立的领土国家（Territorialstaat），并懂得如何通过灵活的对外政策巩固并扩大自身的权力。

公元前 306 年，托勒密自立为埃及国王，他的别称"救主"（Soter）具有宗教崇拜的作用，他选取了和亚历山大一样的树蜂衔，由此建立了统治埃及将近三个世纪的托勒密王朝。亚历山大成了新的王都。国王托勒密文化程度很高，他曾与希腊诗人米南德（Menander）保持过书信联系，还试图将自己的首都建成希腊世界的文化中心。他建立了一座图书馆，并成立了缪斯学院，这是现代大学的前身，那里活跃着诗人和学者，他们之中就有数学家欧几里得（Euklid），他提出的定理至今还是数学课的重要内容。

托勒密一世敬畏古埃及的神祇，资助埃及神庙和祭司。出于宗教及政治原因，他将一名新神塞拉比斯（Sarapis）引入了亚历山大。这名神祇最初产生于奥西里斯和阿匹斯的结合体，他是一切死去的阿匹斯神牛的化身，但他此时却获得了明显的希腊化特征，被托勒密解释为新首都的城市守护神。塞拉比斯令埃及民众和来自世界其他地方的众多百姓享有共同利益。

公元前 282 年底，希腊化埃及的缔造者、年迈的国王托勒密一世在亚历山大去世，在他去世之前就已经于公元前 284 年将自己的儿子托勒密二世（Ptolemäus II）立为共同执政。

最开始，托勒密家族为尼罗河流域带来了一个繁盛的时期，这段时期持续了一个多世纪。多座恢宏的神庙[如菲莱（Philae）、埃德夫和丹达拉（Dendera）] 和城市拔地而起，被誉为古代世界七大奇迹之一的法洛斯岛上的亚历山大灯塔正是在托勒密二世在位时建成。直到公元前 2 世纪，托勒密家族统治的埃及才开始缓慢地走向衰落。这个王国逐渐失去了自己的殖民地以及在地中海沿岸的据点，而罗马则成长为古代世界一支新的政治力量。

5. 埃及成为罗马的行省

托勒密十一世 [Ptolemäus XI，全名托勒密·尼奥斯·狄奥尼索斯（[Ptolemäus Neos Dionysos），公元前 80—公元前 51 年在位] 弥留之际接受了罗马的担保，在遗嘱中指定自己十岁的儿子托勒密十二世（Ptolemäus XII）和十八岁的女儿克里奥帕特拉八世·菲罗帕托 [Kleopatra VIII Philipator（意为"笃爱父亲的人"）] 为继承人 [以上采用的是维尔纳·胡斯（Werner Huß）对托勒密王朝国王和女王世系的计算方式]。然而监护托勒密十二世的阿基拉斯将军（Achillas）和波提纽斯（Pothinus）试图摆脱克里奥帕特拉。

听到风声的克里奥帕特拉起先逃到了忒拜伊斯，后来又前往巴勒斯坦。她从巴勒斯坦带回了一支雇佣军。后来的事态发展完全由罗马人主导。在罗马，公元前 49 年 1 月，格涅乌斯·普布留斯·庞培（Gnaeus Publius Pompeius）和盖乌斯·尤利乌斯·恺撒（Gaius Iulius Caesar）之间爆发了一场内战。双方在希腊一决胜负，公元前 48 年 8 月 9 日，恺撒取得了法萨罗（Pharsalus）之战的胜利，庞培携家眷逃往埃及。然而，国王托勒密十二世的顾问团为了向恺撒示好，从而决定除掉庞培。当庞培两天后停靠亚历山大港时，埃及人将他的脑袋砍下献给了他的敌人。

恺撒将国王姐弟二人传唤到自己面前。恺撒见到美丽聪慧的克里奥帕特拉的那一刻起便开启了一段罗曼史，直到今天，人们还在通过戏剧、电影和形形色色的小说幻想着这段风流韵事。随后赶来的托勒密十二世觉得自己遭到了背叛，便气冲冲地离去了。他同自己的支持者调来了埃及军队，包围了罗马人。在随后爆发的武装冲突中，著名的亚历山大图书馆着火了：数万卷无可替代的书籍被焚毁。恺撒在战争中取得了胜利，年轻的托勒密国王则丢了性命。为了使王位继续依照法律要求由两人掌握，恺撒安排克里奥帕特拉的一个弟弟代替托勒密十二世，称号为托勒密十三世·菲罗帕托二世（Ptolemäus XIII Philipator II，公元前 47—公元前 44 年在位）。

恺撒与克里奥帕特拉之间的恋情后来开花结果。公元前 47 年 6 月 23 日，克里奥帕特拉产下了一名男婴，亦取名为恺撒（Kaisar）。此时的恺撒已离开埃及前去承担其他外交任务。一年后，政治上极富远见的克里奥帕特拉带着自己的儿子和一批侍从前往罗马。她要将自己的命运同恺撒这位当时世界上最有权势的男子联系在一起。她摆出东方式的奢华排场进入罗马城，引起了罗马民众的惊叹和嫉妒。恺撒亲自挑选了一处豪华别墅作为埃及女王的行宫。

然而意想不到的事情发生了：公元前 44 年 3 月 15 日，恺撒这位独裁者在一次元老院会议上被一群共和派元老院议员谋杀身亡。克里奥帕特拉惊慌失措地逃回亚历山大，将不过十五岁的共同执政的托勒密十三世谋杀。随后她将三岁的恺撒扶上了王位，以托勒密十四世（Ptolemäus XIV）为号，祭祀名为菲罗帕托·菲洛墨托（Philipator Philometor），并在罗马的支持下为他赢得了认可。

在以马克·安东尼（Marcus Antonius）和恺撒的养子盖乌斯·屋大维（Gaius Octavian）为首的亲恺撒派同马可斯·尤尼乌斯·布鲁图斯（Marcus Iunius Brutus）和

盖乌斯·卡西乌斯·朗基努斯（Gaius Cassius Longinus）领导的谋杀恺撒的凶手之间爆发的内战中，克里奥帕特拉看似中立，但实际上她通过罗马元老院从埃及派出了四支军团支援亲恺撒派，然而这批军队后来倒向了盖乌斯·卡西乌斯的阵营。

公元前 42 年 9 月 23 日，两次腓立比（Philippi）战役确定了最后战局。马克·安东尼和盖乌斯·屋大维的军队战胜了谋杀恺撒的凶手。与马尔库斯·埃米利乌斯·雷必达（Marcus Aemilius Lepidus）和盖乌斯·屋大维同属内战中产生的三头同盟（Triumvirat，该同盟由三人组成，执掌罗马的政权）的马克·安东尼重组了罗马在东方的领地，并吩咐克里奥帕特拉来到塔尔苏斯（Tarsus）。

克里奥帕特拉乘坐一艘挂着紫色风帆、龙骨上镶嵌有黄金的豪华的大船现身，造成了极大的轰动，她本人仿佛女神阿芙洛狄特下凡，"就像人们从画中看到的那样"（普鲁塔克语）。她迷住了马克·安东尼，赢得了他的心，两人开始了恋情，公元前 37 年，两人在安条克（Antiochia）成婚，恋情修成正果。这段婚姻带来了三名子女。

安东尼将属于罗马的克里特岛、奇里乞亚、腓尼基和叙利亚赠给了这位"万王之女王",从而引发了自己与屋大维之间的激烈争端。公元前32年夏末,屋大维通过罗马元老院谴责克里奥帕特拉,并向埃及宣战。公元前31年9月2日爆发了亚克兴(Actium)海战,在这场战役中,埃及与马克·安东尼的舰队对阵罗马海军,最终,由于屋大维一方的将领采用了更为得当的战略,罗马赢得了胜利。

公元前30年夏季,屋大维率军从西面进攻亚历山大。亚克兴海战后同克里奥帕特拉一同返回埃及的马克·安东尼前去迎战。8月1日,他率领骑兵进攻屋大维,并取得了胜利。然而第二天,马克·安东尼的军队却抛弃了他,于是他逃回了亚历山大,在城中,他得到了一条假消息,称克里奥帕特拉已自杀身亡,此时的马克·安东尼万念俱灰,他拔出佩剑,刺入了自己的胸膛。人们将重伤的马克·安东尼带到了克里奥帕特拉面前,后者此时已经躲到了自己的陵墓内:马克·安东尼死在了克里奥帕特拉的怀抱中。不久后,这位埃及女王用毒药结束自己的生命。与她共同执政的儿子托勒密·恺撒在逃往印度的途中被生擒,随后被处决。

从此,埃及成了庞大的罗马帝国的一个行省。

古埃及王朝及国王世系表

　　前3150—前3000年　零王朝那尔迈统一埃及、那尔迈之前约有十名国王　随后是第一王朝的三名国王和第二王朝的四名统治者

　　前3000—前2657年　第一至第二王朝阿哈（又名美尼斯）、哲尔、瓦吉、登（美莉奈茨王后）伯里布森、卡塞凯姆威

　　前2657—前2590年　第三王朝尼布卡、左塞尔（荷鲁斯·尼特杰里赫特）、塞汉赫特、哈巴、胡尼

　　前2590—前2456年　第四王朝斯尼夫鲁、基奥普斯（胡夫）、雷吉德夫、巴卡、希夫伦（哈夫拉）、米凯里诺斯、谢普塞斯卡弗

　　前2456—前2297年　第五王朝乌瑟卡夫、萨胡拉、内

弗尔卡拉、奈弗里弗拉、谢普塞斯卡拉、纽塞拉、门卡霍尔、杰德卡拉（阿索西）、乌纳斯

前2297—前2166年　第六王朝特提、乌瑟卡拉、佩皮一世、莫润尔、佩皮二世、奈姆蒂姆萨夫、尼托克丽丝女王

前2166—前2120年　第七至八王朝第一中间期。这一时期王位更替频繁，难以按照时间顺序对统治者名字进行整理

前2120—前1976年　第九至第十一王朝赫拉克来俄波利斯及底比斯众王

前2020年　王国统一孟图霍特普一世（尼布赫帕特拉）、孟图霍特普二世（塞安赫卡拉）、孟图霍特普三世（尼布塔乌伊拉）

前1976—前1793年　第十二王朝阿蒙涅姆赫特一世、塞索斯特利斯一世、阿蒙涅姆赫特二世、塞索斯特利斯二世、塞索斯特利斯三世、阿蒙涅姆赫特三世、阿蒙涅姆赫特四世、涅弗鲁索贝克女王

前1793—前1540年　第十三至十七王朝第二中间期

前1540—前1292年　第十八王朝雅赫摩斯、阿蒙诺菲斯一世、图特摩斯一世、图特摩斯二世、哈特谢普苏特女王、图特摩斯三世、阿蒙诺菲斯二世、图特摩斯四世、阿蒙诺菲斯三世、阿蒙诺菲斯四世（埃赫那吞）、梅莉塔提女王和斯门卡拉、图坦卡蒙、阿伊、哈伦海布

前 1292—前 1186 年　第十九王朝拉美西斯一世、塞提一世、拉美西斯二世、麦伦普塔、塞提二世、阿蒙梅斯、西普塔、塔沃斯塔

前 1186—前 1070 年　第二十王朝赛特纳赫特、拉美西斯三世、拉美西斯四世直至拉美西斯十一世

前 1070—前 945 年　第二十一王朝斯门代斯、阿蒙涅姆尼苏、普苏森尼斯一世、阿蒙涅莫普、长者奥索尔孔、斯阿蒙、普苏森尼斯二世

前 945—前 722 年　第二十二王朝舍顺克一世、奥索尔孔一世（与舍顺克二世共同执政）、塔克罗特一世、奥索尔孔二世、塔克罗特二世、舍顺克三世

另外两名短命国王与第二十三王朝并立

前 808—前 715 年　第二十三王朝该王朝由第二十二王朝的一支旁系组成

皮杜巴斯特

前 727—前 711 年　第二十四王朝特弗纳赫特

前 716—前 656 年　第二十五王朝皮耶、沙巴卡、舍比特库、塔哈尔卡、塔努特阿蒙

亚述人的统治

前 664—前 525 年　第二十六王朝普萨美提克一世、尼科、普萨美提克二世、阿普里斯、阿玛西斯、普萨美提克三世

前525—前404年　第二十七王朝冈比西斯、大流士一世、薛西斯、阿尔塔薛西斯、大流士二世

前404—前399年　第二十八王朝阿米尔泰乌斯

前399—前380年　第二十九王朝内法阿鲁德（尼斐利提斯一世）、哈科尔（阿科里斯）、尼斐利提斯二世

前380—前343年　第三十王朝纳赫特内贝夫一世（内克塔内布一世）、杰德霍尔（塔科斯）、纳赫特霍雷比特（内克塔内布二世）

前343—前332年　第三十一王朝阿尔塔薛西斯三世（奥库斯）、阿尔塞斯、大流士三世

前332—前323年　亚历山大大帝

前323—前317年　腓力三世（阿里达乌斯）

前317—前311年　亚历山大四世

前306—前30年　托勒密王朝众王

前30年　埃及成为罗马帝国的一部分

文献拓展

工具书：

Dodson, Aidan/Hilton Dyan: The Complete Royal Families of Ancient Egypt, Kairo 2004. – Lexikon der Ägyptologie, 7 Bde, Wiesbaden1975–1992. – Redford, Donald B. (Hrsg.): The Oxford Encyclopedia of Ancient Egypt, 3 Bde, Kairo 2001. – Schneider, Thomas: Lexikon der Pharaonen, München 1996. – Wilkinson, Richard H.: The Complete Gods and Goddesses of Ancient Egypt, Kairo 2003.

总论：

Assmann, Jan: Ägypten. Eine Sinngeschichte, München/Wien 1996. –Beckerath, Jürgen von: Chronologie des Pharaonischen Ägypten. Die Zeitbestimmung der ägyptischen Geschichtevon der Vorzeit bis 332 v. Chr., Mainz 1997. – Clauss, Manfred: DasAlte Ägypten, Berlin 2001. – Hornung, Erik: Grundzüge der Ägyptischen Geschichte, Darmstadt 41992. Hornung, Erik/Krauss, Rolf/Warburton, David A. (Hrsg.): Ancient Egyptian Chronology. Handbook of Oriental Sudies. Section 1: The Near and Middle East, Leiden/Köln 2006. – Schlögl, Hermann A.: Das Alte Ägypten. Geschichte und Kultur von der Frühzeitbis zu Kleopatra, München 2006. – Scholz, Piotr O.: Altes Ägypten, Köln1996.

断代研究：

Adams, Barbara/Cialowicz, Krzyszt of M.: Protodynastic Egypt, Shire Egyptology 25, Buckinghamshire 1997. – Grimm, Alfred/Schlögl, Hermann A.: Das thebanische Grab 136 und der Beginn der Amarnazeit, Wiesbaden 2005. – Grimm, Alfred/ Schoske, Sylvia:Am Beginn der Zeit. Ägypten in der Vor– und Frühzeit, München 2000. –Dies.: Das Geheimnis des goldenen Sarges. Echnaton und das Ende derAmarnazeit, München 2001. – Helck, Wolfgang: Das Grab Nr. 55 im Königsgräbertal, Mainz 2001. – Hölbl, Günther: Geschichte des Ptolemäerreiches, Darmstadt 1994. – Hornung, Erik/Staehelin, Elisabeth: Neu Studienzum Sedfest, Basel 2006. – Huß, Werner: Ägypten in hellenistischer Zeit 332–30 v. Chr., München 2001. – Mysliwiece, Karol: Herr Beider

Länder. Ägypten im 1. Jahrtausend v.Chr., Mainz 1998. – Ockinga, Boyo G.: ATomb from Reign of Tutankhamun at Akhmim, Warminster 1997. –Schlögl, Hermann A.: Nofretete. Die Wahrheit über die schöne Königin, München 22013. – Verner, Miroslav: Die Pyramiden, Reinbek 1998. – Wedel, Carola: Nofretete und das Geheimnis von Amarna, Mainz 2006. – Wildung, Dietrich (Hrsg.): Ägypten 2000 v. Chr. Die Geburt des Individuums, München 2000. – Wilkinson, Toby A. H.: Early Dynastic Egypt, London–New York 1999.

宗教:

Assmann, Jan: Tod und Jenseits im Alten Ägypten, München 2001. – Hornung, Erik: Der Eine und die Vielen. Altägyptische Götterwelt,6., vollständig überarbeitete und erweiterte Auflage, Darmstadt 2005. – Ders.: Echnaton. Die Religion des Lichtes, Zürich/München 1995.

国情与对外关系:

Baines, John/Málek, Jaromír: Weltatlas der alten Kulturen. Ägypten, München 1980. – Helck, Wolfgang: Die Beziehungen Ägyptens zu Vorderasien im 3. und 2. Jahrtausend, Wiesbaden 21971. – Keel, Othmar/Küchler, Max: Herders Grosser Bibelatlas, Freiburg 2002. – Loprieno, Antonio: Topos und Mimesis. Zum

Ausländerin der ägyptischen Literatur, Wiesbaden 1988. –
Schneider, Thomas: Asiatische Personennamen in ägyptischen
Quellen des Neuen Reiches, Freiburg–Göttingen 1992. – Ders.,
Die ausländische Bevölkerung, Wiesbaden 2003. – Willeitner,
Joachim: Nubien. Antike Monumente zwischen Assuanund
Khartum, München 1997.

考古文献及文本（译文）：

Assmann, Jan: Ägyptische Hymnen und Gebete, Zürich/
München 1975. – Grimm, Alfred/Schoske, Sylvia: Stimmen
vom Nil. Altägypten im Spiegel seiner Texte, München 2002. –
Hornung, Erik: Das Totenbuch der Ägypter, Zürich/München 1979.
– Ders.: Ägyptische Unterweltsbücher, Zürich/München21984.
– Ders.: Altägyptische Dichtung, Stuttgart 1996. – Schlögl,
HermannA.: Gärten der Liebe. Lyrik aus der Zeit der Pharaonen,
Düsseldorf 2000.

建筑与艺术：

Arnold, Dieter: Die Tempel Ägyptens, Zürich/München 1992.
– Brandl, Helmut: Die Privatstatuen der Dritten Zwischenzeit.
Untersuchungen zu Typologie, Ikonografie und Stilistik der Zeit,
Wiesbaden 2008. – Hornung, Erik: Das Tal der Könige, München
2002. – Stadelmann, Rainer: Die ägyptischen Pyramiden. Vom

Ziegelbauzum Weltwunder, Mainz 21991. – Wildung, Dietrich: Ägypten. Von derprähistorischen Zeit bis zu den Römern, Köln 2001. – Wolf, Walther: DieKunst Ägyptens, Stuttgart 1957.

劳动与社会：

Bresciani, Edda: An den Ufern des Nil. Alltagslebenzur Zeit der Pharaonen, Stuttgart 2002. Valbelle, Dominique/Gout, Jean-François: Les Artistes de la Vallée des Rois, Paris 2002.

影响：

Hornung, Erik: Das esoterische Ägypten. Das geheime Wissender Ägypter und sein Einfluß auf das Abendland, München 1999. – Staehelin, Elisabeth/Jaeger, Bertrand (Hrsg.): Ägypten-Bilder, Freiburg/Göttingen1997. – Syndram, Dirk: Ägypten – Faszination. Untersuchungen zum Ägyptenbildim europäischen Klassizismus bis 1800, Frankfurt am Main/Bern/New York/Paris 1990. – Tietze, Christian: Die Pyramide. Geschichte – Entdeckung – Faszination, Weimar/Berlin 2005.

图书在版编目（CIP）数据

古埃及史／[德]赫尔曼·亚历山大·施勒格尔著；曾悦译.
—上海：上海三联书店，2021.1
（贝克知识丛书）
ISBN 978-7-5426-7211-7

Ⅰ.①古… Ⅱ.①赫…②曾… Ⅲ.①埃及－古代史
Ⅳ.① K411.2

中国版本图书馆 CIP 数据核字（2020）第 184797 号

古埃及史

著　　者／[德]赫尔曼·亚历山大·施勒格尔
译　　者／曾　悦
责任编辑／程　力
特约编辑／宗珊珊
装帧设计／鹏飞艺术
监　　制／姚　军
出版发行／上海三联书店
　　　　　（200030）中国上海市漕溪北路 331 号 A 座 6 楼
邮购电话／021-22895540
印　　刷／北京天恒嘉业印刷有限公司
版　　次／2021 年 1 月第 1 版
印　　次／2021 年 1 月第 1 次印刷
开　　本／787×1092　1/32
字　　数／90 千字
印　　张／6.75

ISBN 978-7-5426-7211-7/K·613

定　价：39.80元

著作权合同登记号　图字：09-2018-674 号